百部青少年爱国主义教育读本

军·旗·飘·飘·系·列

新四军的故事

杨江华◎主编

CNS
K
湖南科学技术出版社

图书在版编目（CIP）数据

新四军的故事 / 杨江华主编.—长沙：湖南科学技术出版社，2012.12（2021.9重印）

（百部青少年爱国主义教育读本）

ISBN 978-7-5357-7481-1

Ⅰ.①新… Ⅱ.①杨… Ⅲ.①爱国主义教育－中国－青年读物②爱国主义教育－中国－少年读物 Ⅳ.①D647-49

中国版本图书馆 CIP 数据核字（2012）第 254779 号

军旗飘飘系列编委会

主　编：杨江华

执　笔：龚苗苗　董圣洁　刘京蕾　郗梦泽

百部青少年爱国主义教育读本

新四军的故事

主　　编：杨江华
责任编辑：程立伟　李文瑶
出　　版：湖南科学技术出版社
社　　址：长沙市湘雅路 276 号
　　　　　http：//www.hnstp.com
邮购联系：本社直销科　0731-84375808
印　　刷：三河市信达兴印刷有限公司
　　　　　（印装质量问题请直接与本厂联系）
厂　　址：三河市杨庄镇大窝头村西
邮　　编：065200
出版日期：2012 年 12 月第 1 版第 1 次　2021年9月第2次印刷
开　　本：710mm×1000mm　1/16
印　　张：11
字　　数：140000
书　　号：ISBN　978-7-5357-7481-1
定　　价：36.00元

写在“百部青少年爱国主义教育读本”书前

中国人民大学中共党史系主任、博士生导师
中国中共党史人物研究会副会长
杨凤城

十年树木，百年树人。

对青少年进行爱国主义教育需要从长计议。今天的信息技术还在高速发展中，传播速度极为惊人，世界范围内的各种思想文化在人们的精神世界中相互激荡碰撞。弘扬和培育以爱国主义为核心的民族精神，是国民教育的重要任务，务必在精神文明建设过程中一以贯之，不容忽视，更不得有一丝松懈。

大处着眼，一个民族的精神必须适应时代发展的潮流，跟得上历史进程的趋势。小处着手，爱国主义教育尤其是对青少年的爱国主义教育工作，务必落实下来，落到实处，并且需要一个饶有兴味的形式呈现出来。惟其如此，爱国主义的精神气脉才能入乎眼耳，存乎心胸，真正成为个体生命的一部分。

中国人民百年来反对外来侵略和压迫，反抗腐朽统治，争取民族独立和解放，前赴后继，浴血奋斗的精神和业绩，可谓感天动地；中国共产党领导全国人民为建立新中国而英勇奋斗的崇高精神和光辉业绩，可与日月同辉。中国历史上尤其是中国近现代史上涌现出的著名爱国者、民族英雄、革命先烈和杰出人物，以及新中国成立以后涌现出的许许多多的英雄模范人物，他们是青少年爱国主义教育中最新鲜、最活泼、最具说服力的素材。

因此，对青少年推进行之有效的爱国主义教育，要突出和加强中国近现代史，尤其是中国共产党诞生之后的革命主题和红色主旋律的宣传。

“百部青少年爱国主义教育读本”系列丛书，以“弘扬红色主旋律”、“结合现实问题”为原则进行编写，紧紧围绕爱国主义教育的核心价值体系——爱党、爱祖国、爱社会主义，从历史到现实，从物质文明到精神文明，从自然风光到物产资源，对最广大的青少年进行丰富多彩、生动活泼的爱国主义教育，可谓正当其时，难能可贵。

眼前的系列读本，不禁让人眼前一亮，心生喜悦。编著者极力求其“真”——尊重史实的前提下，用生动活泼的语言讲述一个个真实可感的故事；尽力得其“趣”——饱含深情的语句让人物、事件在书中“活”了起来，“动”了起来，革命前辈的精神气息、信念品格扑面而来，感染着我们，感动着我们；竭力求其“美”——体例结构精心设计，又有大量珍贵历史图片资料作为辅助，更符合青少年的阅读习惯。一项项尽心尽力的创意和编辑工作，充分保证了这一系列读本的阅读价值。

寄望能通过快乐的阅读、有效的阅读，让孩子们的心灵之镜更明亮，让年轻一代的精神家园更加美好！

是为序。

2012年9月26日

目 录

Contents >>>

第一章

新四军的创建

伟大无产阶级革命导师列宁说过，忘记过去就意味着背叛。我们之所以能够有国家富强、人们安康的今天，这都离不开革命年代中无数英烈的抛家舍业、热血贡献。

了解人民军队的历史，知晓人民军队的创建、发展、挫折与新生等一系列惊心动魄的传奇，牢记并发扬人民军队的革命传统，珍视并守护人民军队的历史遗产，才能确保我们的美好生活源远流长。

新四军，这是一个铿锵有力而又响亮的名字！新四军的战斗历史，是中国人民解放军光荣历史中的辉煌篇章！

今天，让我们翻开历史的画卷，重温新四军那段传奇的故事。

留守南方：创业艰难百战多

看过抗日战争电影的人肯定都会对影片中的八路军印象非常深刻，或许三岁小孩也知道“八路”、“八路”。至于“新四军”，则相对陌生一些。近年来，已经有不少反映新四军历史的文学、影视作品问世，大大加深了人们对新四军的认识。但时至今日，有人或许知道八路军是工农红军改编的，但未必知道新四军同样也是由红军改编的；有人

◎陈毅，新四军成立时，任第一支队司令员，江南指挥部，苏北指挥部指挥，1941年1月，皖南事变后，任新四军代理军长、军长

或许知道八路军的全称是“国民革命军陆军第八路军”，但未必知道新四军的全称是“国民革命军陆军新编第四军”。

陈毅元帅曾在《建军报告》中这样写道：光荣革命的八路军的名字，代表着伟大的红军主力长征的历史，而光荣革命的新四军的名字，则代表着我党我军所领导的伟大的游击兵团的历史。

现在，让我们把视线拉回到过去，时间定格在1934年，地点是江西瑞金——当时中华苏维埃共和国临时中央政府的首都。

瑞金的十月，天已渐凉，秋风肃杀。由于受王明“左”倾错误思想影响，红军未能打破蒋介石政府发动的第五次“围剿”，中央红军被迫进行战略转移，也就是后来的“长征”。红军离开中央苏区时，中共中央在苏区成立了中共中央分局、中央人民政府办事处和中央军区，统管中央苏区的党政军工作，同时领导闽浙赣（后称皖浙赣）、闽北等苏区的游击战争。项英、陈毅、瞿秋白、陈潭秋、陈丕显等人组成中央分局，项英任书记、中央军区司令员兼政委，陈毅任中央人民政府办事处主任。

当时中央红军主力战略转移的筹划工作，只是在由博古、李德、周恩来组成的“三人团”的极小范围内进行，所以陈毅、项英等人均

不清楚红军主力战略转移行动的真正意图。

中共中央给项英、陈毅的任务是：牵制国民党军，掩护中央红军主力转移，保卫中央苏区和土地革命的胜利成果，使进占苏区的敌人不能顺利统治下去，准备在将来配合主力红军反攻，恢复被国民党占领的城镇和地区。当时，奉命留在中央苏区的红军和地方武装有二万人左右。虽然看起来，留下的人数并不算少，但有枪的少。正如项英1935年1月27日在《关于中央军区情况给博古、朱德、周恩来的综合报告》中所讲道的："独立师、团……平均梭镖占二分之一"。多数人是徒手或持大刀、梭镖。另外还有近一万余名老弱病残。而且，大部分是伤病员，需要别人来保护和照顾。用这些力量来抵御八万多主力红军都未能抵挡的五十余万国民党军的进攻，简直是比登天还难！

留下来坚持斗争，陈毅并无意见。革命本来就充满艰险。自己对中央革命根据地确实比较熟悉，留下来负责军事，可以有所作为，也可以使大家觉得共产党并没有放弃中央苏区。

临危受命的项英也认为，自己应该服从组织的安排，作为共产党员应以人民解放事业的利益为重，顾全革命大局。以对党无限忠诚的高度责任感，他要和其他领导人一起，勇敢地担当起领导中央苏区军民坚持斗争的重任。

但是，横亘在眼前的困难远远超乎了他们的想象。苏维埃革命根据地靠近蒋介石统治的中心地带，直接威胁着南京国民党政府。蒋介石当然将这一区域的革命武装视作眼中钉、肉中刺，欲除之而后快。红军主力突围转移之后，国民党军继续向各苏区腹地进攻。为防止苏维埃政权"死灰复燃"，蒋介石的亲信陈诚等指挥20多个师，以十几倍、几十倍的优势兵力，对中央苏区实施大规模的"清剿"、"堵剿"、"驻剿"，叫嚣着即使"掘地三尺"，也要"斩草除根"。

国民党军队纠集还乡的恶霸地主，对游击区实施连续不断的烧山、封山、搜山，"移民并村"、毁坏大批村庄。成千上万的中共党员和干部、群众遭到杀害。据后来的粗略统计，在国民党军侵占中央苏区的最初几个月内，瑞金被杀 1.8 万多人，于都被杀 3600 多人，宁都被杀 4700 多人，兴国被杀 2100 多人，长汀被杀 3237 人。被完全毁坏的村庄 145 个，房屋近 3.5 万间。在近三年的时间里，整个中央苏区被反动派杀害的革命干部和群众达 70 多万人，占这一地区总人口的五分之一！无数共产党员和革命群众被活埋、挖心、肢解、碎割！到处是“国破家亡”的惨痛景象！

由于敌情严重，红军在分散突围过程中遭受了巨大损失。留在苏区的一些党和红军的高级领导干部和将领先后在战斗中牺牲，瞿秋白、刘伯坚等人在被捕后英勇就义。少数突围成功的部队在项英、陈毅等人的领导下，及时总结了红军主力转移初期实行阵地战的教训，全面转入游击战争。

孤悬敌后的红军同敌人进行了九死一生的斗争。他们不畏艰险，先后在江西、福建、广东、湖南、湖北、河南、安徽、浙江等八个省内建立了 15 个游击区。由于被国民党军重兵包围分割，又失去电台通讯设备，中央分局、中央军区与各个游击区失去联系，各个游击区之间的交通也被隔断。因此，各个游击区不得不独立地开展游击战争。

在接下来的三年里，大多数红军游击区没有巩固的后方，部队无法得到休整和补充。他们备尝各种艰辛，迎接无数挑战，不断有人掉队，有人叛离。斗争越来越激烈，困难越来越大，但更多的游击队员们仍然在异常艰苦的环境下顽强地坚持斗争。

国民党军队采取连坐法，明发告示“一家通匪，十家连坐，一家窝匪，十家同祸”。红军游击队员不得不经年累月穿梭于崇山峻岭之中、茅草密林之间，真所谓“恶风暴雨住无家，日日夜夜转战车”。

由于国民党军队的封锁，老百姓也没办法把粮食送到山上，游击队员经常断炊。据陈毅后来回忆，三年游击战争期间吃的大都是苦菜和竹笋。在《赣南游击词》中他很形象地描绘了当时的场景：天将午，饥肠响如鼓。粮食封锁已三月，囊中存米清可数。野菜和水煮。……叹缺粮，三月肉未尝。夏吃杨梅冬剥笋，猎取野猪遍山忙。捉蛇二更长。

没有房子住，游击队员不得不以天为被，以地为床。同样是在《赣南游击词》中，陈毅这样写道：夜难行，淫雨苦兼旬。野营已自无篷帐，大树遮身待天明。几番梦不成。……天将晓，队员醒来早。露侵衣被夏犹寒。树间唧唧鸣知了。满身沾野草。

陈毅在战火间隙写就的诗词，为我们了解当年的情势提供一个观察的视角。正如谭震林所说：“在陈毅同志留下的诗篇之中，特别有一篇《赣南游击词》是以形象思维，吟唱了这个特定历史时期的战斗生涯的。”我们既能看到红军游击队员斗争环境如何恶劣，同时也能从另一个侧面看到以陈毅为代表的共产党人不惧艰险、不怕牺牲、不到最后绝不放弃的革命乐观主义情怀。

其中，《梅岭三章》最能体

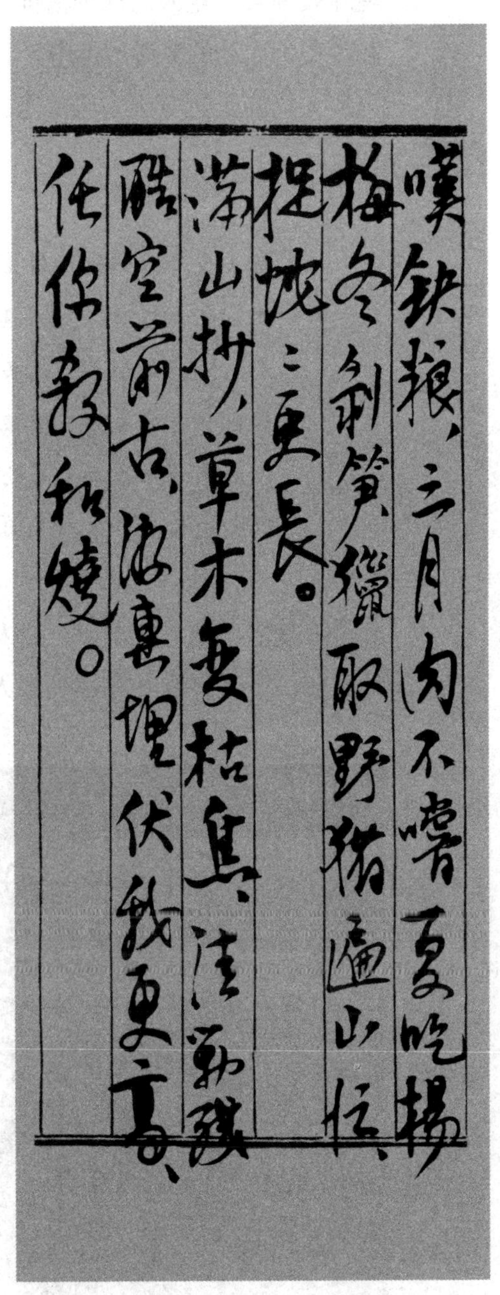

◎陈毅手书——赣南游击词

现陈毅等共产党人的这种精神。1936 年冬，国民党军队“清剿”陈毅和项英所活动的赣粤边游击区。陈毅等人被围困在梅岭的丛山密林间，与敌人周旋长达二十多天。考虑到可能难以脱身，他于是写下了“绝命诗”：

断头今日意如何？创业艰难百战多。
此去泉台招旧部，旌旗十万斩阎罗。
南国烽烟正十年，此头须向国门悬。
后死诸君多努力，捷报飞来当纸钱。
投身革命即为家，血雨腥风应有涯。
取义成仁今日事，人间遍种自由花。

陈毅留下绝笔的当天，敌人并没有进山搜查，第二天也出人意料的平静。于是，陈毅和项英派人到山下打探消息，后来才知道原来是

◎陈毅《梅岭三章》手迹

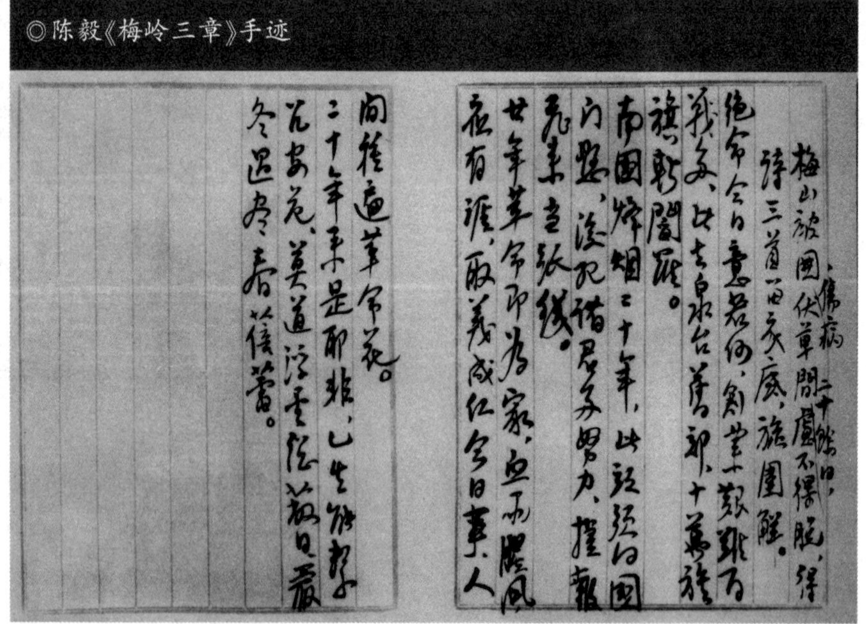
梅山被围伏草间二十余日，伤病不得脱，得诗三首留衣底。旋围解。
绝命诗
断头今日意如何，创业艰难百战多。此去泉台招旧部，十万旌旗斩阎罗。
南国烽烟二十年，此头须向国门悬。后死诸君多努力，捷报飞来当纸钱。
投身革命即为家，血雨腥风应有涯。取义成仁今日事，人间遍种革命花。

◎江西梅岭

发生了“西安事变”，蒋介石被张学良和杨虎城扣押了起来。围困梅岭的国民党军队纷纷从游击区撤走，其他的反动武装也龟缩在碉堡里，不再出来寻衅。这才解了梅岭之围，陈毅与项英侥幸脱逃。

诗以言志。从《梅岭三章》中，我们可以看到，陈毅当时已经做了最坏的打算。但即便如此，他依然豪气干云，气壮山河，毫不畏惧，并誓言“此去泉台招旧部，旌旗十万斩阎罗”。陈毅之所以能够为革命牺牲而无怨无悔，百折不挠地坚持奋斗，原因就在于他是为了完成自己的使命——实现“人间遍种自由花”这一伟大理想。

不只是队伍领导者的陈毅如此，游击队的全体将士都是这样。从他们身上所折射出来的革命浪漫主义、舍生取义的精神已经成了中华民族的宝贵精神财富，在对今天的我们来说仍然不会过时，值得我们每个人在生活、学习和工作中脚踏实地地认真践行。

艰苦卓绝的三年游击战争，在战略上牵制了大量的国民党军，有力地配合了主力红军的行动。近半个世纪之后，时任中共中央分局委员的谭震林于 1981 年 8 月，为陈丕显所著的《赣南三年游击战争》一书中所写的序言中，赞誉道：“南方的游击战，在红军长征之初，牵制了蒋介石的兵力，使我主力部队得以大踏步地前进；在尔后的三年中，保存和卫护好革命的火种，使它不灭地燃烧，终成燎原之势。”

1937 年 12 月 13 日，中共中央政治局《对南方游击区工作的决议》庄严指出：“南方各游击区的同志在主力红军离开南方以后，在极艰苦的条件下，长期坚持了英勇的游击战争，基本上正确的执行了党的路线，完成了党所给予他们的任务，以致能够保存各游击区，在今天成为中国人民反日抗战的主要支点，使各游击队成为今天最好的抗日军队之一部。这是中国人民一个极可宝贵的胜利。”南方八省持续飘扬的鲜红旗帜坚定了人民的信心，在百折不挠的血战中，为中国共产党锻炼了一批骨干，逐步发展成为伟大的革命武装。三年游击战为日后的新四军崛起奠定了坚厚的基础。

国共谈判：南方八省红军何去何从？

1935 年 10 月，中共中央和主力红军经过二万五千里长征，到达陕北，胜利地实现了战略大转移。与此同时，日本帝国主义不断加快其侵华步伐。九一八事变爆发后，日军长驱直入，东三省迅速沦丧。平津危急，华北危急，中华民族危急。

在以卢沟桥事变为标志的日军全面侵华战争爆发后，中国共产党迅速做出反应，于 7 月 8 日通电全国，号召：“全中国同胞、政府与军队团结起来，筑成民族统一战线的坚固长城，抵抗日寇的侵略！国共两党亲密合作抵抗日寇的新进攻！”同一天，毛泽东、朱德、彭德怀等红军将领联合致电国民党政府军事委员会委员长蒋介石，表示决心：

“为国效命，与敌周旋，以达保卫国家之目的。”

面对日本帝国主义咄咄逼人、无止境的侵略扩张和国内日益高涨的抗日救亡运动，国民党政府的对日政策不得不由妥协向抗日方向转化，特别是西安事变的和平解决，大大加快了这一进程。1937 年 7 月 17 日，蒋介石发表“庐山谈话”，称：“如果战端一开，那就是地无分南北，年无分老幼，无论何人，皆有守土抗战的责任，皆应抱定牺牲一切之决心。”

兄弟阋于墙，外御其侮。面对共同的敌人，国共这对冤家兄弟，终于又要联起手来了。经过几轮反复艰难的谈判，中共中央与国民党政府达成协议。1937 年 8 月 19 日，国民党同意红军主力部队改编为国民革命军陆军第八路军；8 月 22 日，国民政府军事委员会正式下达红军改编的命令，以后又按照抗日部队的序列，改八路军为国民革命军第 18 集团军。红军主力部队的改编，对南方红军游击队的战略转变以

◎坐落在北京丰台区的卢沟桥

◎八路军总司令朱德

◎八路军副总司令彭德怀

及此后的改编都产生了极大的影响和推动作用。

1936 年底，在得知西安事变的消息之后，南方红军游击队中洋溢着一种乐观情绪。在当时的一次会议上，大家对是否释放蒋介石这一问题争论得很激烈。与会的大多数人都在高兴地预测事件的走向："抓蒋介石，杀蒋介石，是全国人民的心愿，放掉他等于放虎归山，绝对不能放走他！""捉了蒋介石，全国人民就可以团结起来，共同打倒日本帝国主义。我们也该下山了。"

项英对这个问题的看法与大家有所不同，认为释放蒋介石的可能性很大。凭着多年的斗争经验，他认识到"西安事变"的发生，势必将推动中国抗日民族统一战线形成的进程。这也就意味着抗日的革命高潮即将到来。同时，项英也清醒地意识到国民党政府的根本方针在短时间内不可能有大的改变，他们在近期对游击队发动军事进攻的可能性更大。项英告诫游击队的同志们不能有片刻的松懈情绪，要做好各种准备，随时防备国民党军队接下来新一轮的军事行动。

果然不出所料，事态发展证明了项英的判断。西安事变和平解决后，蒋介石虽然原则上同意联合红军抗日，在华北停止了对主力红军的进攻，但在与共产党谈判的同时，对南方游击区进行了更加残酷的

“清剿”。这使得双方在南方红军游击队的改编问题上一直处于僵局。

为了尽快解决南方红军游击队问题，中共中央始终把陕甘宁边区和南方游击区、主力红军和南方红军游击队作为整体来考虑跟国民党谈判。但蒋介石顽固地采取不承认主义，并密令南方八省所属各地军政当局：“务必乘中央与共方谈判之机，消灭敌方之武装与地方组织”。

为此，国民党先后调集40多个正规师、60多个保安团，对在南方坚持革命的红军游击队，秘密进行“搜剿”、“追剿”、“堵剿”。国民党军的这次进攻是南方三年游击战争中最凶猛的一次。那段时间也是各个游击根据地在三年游击战争中最艰苦的几个月。部分游击支队在此期间遭受到极其严重的损失，如闽北军分区司令员吴先喜、独立师师长黄立贵、闽东军分区政委卢文清等一大批军事骨干都在战斗中壮烈牺牲。

中共谈判代表周恩来在第一次庐山谈判中，就向蒋介石提出立即停止闽浙赣边、鄂豫边等地区的“剿共”战争，并要求对南方红军游击队改编问题进行协商。蒋介石表示各边区由中共方面先派人联络，经国民党调查后进行编遣，其首领必须离开。周恩来断然拒绝了这一要求。

为了进一步促进国共合作早日实现，中共中央决定采取灵活机动的方针，在一定程度上对国民党有所让步。毛泽东指出：“共产党愿意改变苏维埃与红军的名义，取消同国民党的对立，停止没收地主土地。”他强调这些让步是必要的，因为所有的让步都是“建立在一个更大、更重要的原则上面，这就是抗日救亡的必要性和紧急性。这叫双方让步，互相团结，一致抗日。国民党中所有明智的领袖和党员，都是明白这种意义的。”

但这没有使蒋介石改变其原有态度，他依然抱着彻底消灭南方红军游击队的幻想，在谈判中缺乏诚意，执意要将其“北和南剿”的方针贯彻到底。

1937 年 8 月 13 日，日军突然对上海发动了大规模进攻。国民党上海驻军奋起抵抗，淞沪会战由此开始。此后，国民党的首都南京吃紧，第三战区的战场形势日趋严峻。中国共产党重新提出，改编南方各省游击队开赴华中敌后抗日前线。这让蒋介石意识到可以借助日军之手消灭红军游击队，同时还能缓解华中抗日的被动局面。在这种情况下，蒋介石于 1937 年 9 月授意国民政府军事委员会参谋总长何应钦，表示同意中国共产党派人到南方游击区传达国共合作精神，并协助改编。至此，在把南方红军游击队改编为抗日武装的问题上，国共两党终于达成共识。

“新四军”横空出世

1937 年 9 月，国共第二次谈判在南京举行。此次谈判的议题是南方红军游击队干部选派问题。中共谈判代表博古、叶剑英要求国民党不得派任何人员和部队侵入及破坏苏区。国民党本来企图借此机会收编南方红军游击队，当然不肯接受共产党的这一条件。在军长人选的确定上，双方更是据理力争，毫不相让。

为了夺取南方红军游击队的领导权，削弱共产党在江南的实力，蒋介石提供两个人选：陈诚或张发奎。这两个人向来是“剿共”的积极分子。中共中央对于蒋介石的企图自然是心知肚明，坚决不予同意。

正在谈判僵持不下之时，一个关键人物出现了。他，就是叶挺。

原来周恩来早就料到，找一个国共双方都能满意的人选其实并不容易。一次机缘巧合，他在上海遇到了叶挺。当时，这位北伐名将已经旅居海外长达十年之久。在广州起义失败后，他因在党内受到了不公平待遇，遂愤而出走。流亡欧洲，后到澳门隐居。1931 年，身在德

◎新四军军长叶挺

◎新四军副军长项英

国的叶挺在报纸上看到日军加紧侵华的消息，心急如焚，便急切地踏上了归国的航船。

周恩来认为，就南方红军游击队改编后的干部人选问题，蒋介石希望派人来，中共方面绝对不会接受；而中共提名的人选，蒋介石也不会轻易接受。能够让双方都认可的人，实在寥寥无几，叶挺无疑是最佳选择。

因此，周恩来决定向叶挺伸出橄榄枝。正苦于报国无门的叶挺自然二话没说，欣然领命。几年后，在回顾当时的想法时，叶挺坦言："我明知道有很多困难，而为了促进团结，想对于国内团结与抗战，尽自己的力量。"赤胆忠心，可见一斑！

不久之后，叶挺利用自己的威望，积极做国民党上层人士的工作，最后直接找到蒋介石。叶挺满怀着抗日爱国之情，向蒋介石提出："为了抵抗日本侵略，为了在华中日本占领区内开展游击战争，让我来集合仍留在南方的红军和改编这些军队。改编之后的番号就叫国民革命军新编第四军吧。"

第四军，这个番号在叶挺心中具有特殊的意义。北伐时期，他所在的国民革命军第四军攻无不取，战无不克，立下赫赫战功，被誉为"铁军"。叶挺显然希望新的第四军能够继承老部队的优良传统，让"铁军"精神在这支部队身上复活。

蒋介石除了在番号上加了“陆军”二字外，其他条件都同意了。

蒋介石是有自己打算的。当时淞沪会战正酣，蒋介石明白对南方红军游击队的改编势在必行。然而，卧榻之侧岂容他人鼾睡？更何况是这京畿之地。若是在这里有一支“共匪”领导的部队，难保不是养虎为患。而他试图插入陈诚或张发奎的做法也遭到了共产党的强烈抵制。至于叶挺，倒是很符合他的要求。叶挺早年虽然是共产党，但是已经与中国共产党脱离关系有十余年了。在蒋介石看来，中共必然不会从根子上信任叶挺。如果由他出面委任叶挺为军长，一则可以挑拨叶挺与中共的关系，二则借机收买叶挺，说不定还可以促成叶挺率收编的南方红军游击队投靠国民党。

1937 年 9 月 28 日，国民党当局在没有向中共通报并征得同意的情况下，径直通过国民政府军事委员会，正式通报由“委员长核定”，任命叶挺为新编第四军军长。10 月 12 日，国民党江西省政府主席熊式辉转发蒋介石电令：鄂豫皖边、湘鄂赣边、赣粤边、浙闽边和闽西等地的红军游击队，均编入新四军，由叶挺调用。这是首次公开发布新四军的番号和军长。此后，10 月 12 日被确定为新四军建军纪念日。

国共双方在接下来的几个月里，又针对部队的建制、编制、干部配备、武器装备和经费等问题，在南京、南昌、武汉等地，进行了具体的谈判。

10 月 19 日，毛泽东、张闻天致电负责谈判的博古、叶剑英，要求他们向何应钦提出将叶挺的新四军编入八路军建制。蒋介石一口回绝了这个要求。一向不承认南方红军游击队为正规部队的他，绝不可能让新四军有师和旅的番号。蒋介石在南京接见叶挺、叶剑英时，指责“八路军拒绝点验”，表示南方红军游击队“不能照第八路军的办法”，必须派人点验，然后按照枪的多少决定编制。

“有多少枪就编多少人”，蒋介石又开始打他的小算盘。对于南方红军游击队的实力，他很清楚，大多数人可都是手握大马刀作战的。

叶挺不禁愕然，这分明是蒋介石在给新四军制造困难。他不希望因为这个问题就让新四军胎死腹中，便好言劝告："眼下大敌当前，还是先改编部队上前线吧，人事问题容易解决。收编可以增加抗日力量，对后方安定也是有好处的。"

蒋介石冷冷地回一句："如扰乱地方便是破坏抗战，我要剿的。"

叶挺简直无言以对，愤而提出辞职。蒋介石也不想把事情闹僵，便又改口，让叶挺去找陈诚商量。

10 月 14 日，叶挺根据中共中央的电报，与何应钦协商新四军能否下设 7 个或 4 个支队，支队上面设 2 个纵队。国民党方面仍然给了否定的答复。

10 月 23 日，中共中央再次做出让步，提出新四军不隶属于八路军，由所在地区直辖；军以下不设师、旅和纵队，直辖 4 个支队；在南方各地区只设留守处、办事处，军队开赴抗日前线。但中共中央仍然坚持新四军独立成立一个军，坚持共产党对新四军的绝对领导权等条件。国民党勉强接受了这个方案，同意新四军按照正规军编制，建立 1 个军，下辖 4 个支队，第 1、2、3 支队隶属于第三战区，第 4 支队由第五战区管辖。

在干部配备的问题上，国共双方同样存在巨大分歧。国民党方面为了控制新四军，坚持要派人到新四军中担任支队、团、营的职务，并要红军游击队的领导离开军队。中国共产党为了保持改编后部队的独立性，明确表示"国民党不得干涉，不得插入任何人"，一切人事都必须由中共独立安排。后经双方让步，共产党方面同意国民党方面在新四军军部和各支队派驻联络员。1938 年 1 月 8 日，何应钦核准新四军陈毅、张鼎丞、张云逸、高敬亭为新四军 4 个支队的领导人。后来在叶挺的交涉下，又陆续落实了项英、周子昆等人的职务。

经过三年苦战，红军游击队的给养装备早已极度困难。新四军在江南的数千部队装备十分简陋，步枪都已陈旧，子弹每人不过数发。

◎1939 年 2 月，周恩来与新四军军部同志合影

新四军要开赴前线抗日，理应由国民党政府解决这些问题。然而国民党政府唯恐想消灭新四军还来不及，怎么可能容许这支部队发展壮大起来。谈判之初，共产党提出新四军和国民党部队享受同等待遇。蒋介石借口财政困难，让去找地方政府解决，至于武器则已经装备了其他军队，没有剩余。后经叶挺等人据理力争，何应钦才愿每月拨给新四军 6.5 万元的经费。整个新四军的经费不过相当于国民党一个丙种师的经费，数额用于支出伙食费还差 1 万元。项英在当时给中共中央长江局的电文中，这样写道："购买枪支更谈不上，一切衣毯均无，严冬作战大成问题。"后经周恩来、叶挺交涉，经费增加到至 9 万元，但对于 1 万套棉军衣一项，国民党竟以"新四军打游击，不需要军衣"这一荒谬的借口予以否决。至于武器装备，更是没有着落。为了能尽快与国民党合作抗战，中国共产党再次做出了让步，终于与国民党达

成了协议。

1937年末，坚持在南方的红军游击队，完成艰难的转变，告别了长眠地下的战友，走出了战斗了三年的山水密林，踏上了拯救国难的征程，并在政治上、思想上、组织上为新四军的诞生做了充分准备。对此，陈毅感慨万千，满怀豪情，赋词一首：

《国共二次合作出山口占》调寄《生查子》

十年争战后，国共合作又。
回念旧时人，潸然泪沾袖。
抗日是中心，民主能自救。
坚定勉吾侪，莫作陈独秀。

1937年12月25日，在叶挺、项英主持下，新四军在汉口举行干部大会。大会上，叶挺规定了新四军的任务，并由项英介绍南方红军游击队的整编情况。三天后，中共中央复电项英，核准了新四军编为4个支队的申请。新四军干部大会及中央的电文，标志着新四军的建成。经中共中央正式批准的新四军组建序列是：

新四军军长叶挺，副军长项英，参谋长张云逸，政治部主任袁国平，副参谋长周子昆，政治部副主任邓子恢。下辖四个支队：

第一支队，由原湘鄂赣边、湘赣边、粤赣边和赣东北等地的红军游击队组成，陈毅任司令员，傅秋涛任副司令员，胡发坚任参谋长，刘炎任政治部主任，下辖2个团，全支队共2300人。

第二支队，由原闽西、闽赣边、闽南和浙南等地的红军游击队组成，张鼎丞任司令员，粟裕任副司令员，罗忠毅任参谋长，王集成任政治部主任。下辖3个团，全支队共1800余人。

第三支队，由原闽北和闽东等地的红军游击队组成，张云逸任司令员，谭震林任副司令员，赵凌波任参谋长，胡荣任政治部主任。下辖2个团，全支队共2100人。

第四支队，由原鄂豫皖边和豫南桐柏山等地的红军游击队组成，高敬亭任司令员，林维先任参谋长，萧望东任政治部主任。下辖4个团，全支队共3100人。

全军共10300人，6200余支枪。

从此，新四军同八路军并肩作战，成为中国人民抗日的重要力量。为挽救民族危亡，新四军高举抗日民族统一战线的大旗，在广大的华中地区进行了艰苦卓绝的战斗，独立支撑大江南北半壁河山，成为华中地区抗战的主力军，为日后夺取中国抗日战争的胜利做出了不可磨灭的贡献。

第二章

新四军的经典战役

新四军成立后，根据党中央的指示，放手开展敌后游击战争。向南巩固，向东作战，向北发展。在叶挺、项英、陈毅、刘少奇等人的指挥下，新四军采取打近战、夜战、奔袭、突袭、伏击等分散、灵活的游击战术。在“饷款不济、军食不足、军装不备、粮弹不充、枪械不补”的状况下，新四军不畏强敌，英勇作战，与地方游击队、民兵密切配合，互相支持，先后发起著名的伏击韦岗、夜袭句容城、车桥战役、侏儒山战役、繁昌保卫战等战役，给予日本侵略者及伪军以沉重打击。

在八年艰苦的反“清乡”、反“扫荡”、反“蚕食”、反“摩擦”斗争中，新四军经受了无数战斗和残酷斗争的考验，以坚忍不拔的“铁的新四军”精神，成为华中抗日战场的中流砥柱。

韦岗战役：“脱手斩得小楼兰”

1938 年 5 月 4 日，毛泽东指示新四军向敌后进军，发动广泛的游击战。随后，陈毅率部队挺进敌后江南地区。6 月 15 日，在进驻茅山北的宝埝镇后，陈毅立即开始组织歼灭日军的战斗。首战告捷的韦岗之战拉开了序幕。

韦岗村旧名卫岗，位于江苏省镇江市丹徒与句容交界处，扼守着从南京至镇江的必经要道。日军的车队来往频繁，每天平均有二三十辆车经过此地。而且，这里岗峦起伏，树木茂密，道路狭窄，的确是一个打伏击战的好地方。在侦查过地形后，粟裕立即召集连以上干部，制定作战计划，决定在韦岗村打响新四军首战第一枪。

17 日拂晓，新四军进入伏击阵地，静候日军的到来。傍晚时分，果然从镇江方向开来 5 辆日军的汽车，为首的是一辆轿车。战士们风趣地说："头一仗鬼子就给我们送来一个大官作见面礼!"战士们摩拳擦掌，屏住呼吸就等着指挥官粟裕下达攻击命令。

日军的汽车刚进入伏击区，随着一声"打"，日军的车队随即陷入新四军严密的火力网中。鬼子们被打得抱头鼠窜，死的死，伤的伤。这时，粟裕手枪一举，高喊："同志们，冲啊!"战士们端着明晃晃的刺刀奋勇冲向日军，顿时杀声四起。经过半小时的肉搏战，战斗顺利结束，击毁敌汽车 4 辆，毙敌 13 名，伤敌 78 名，缴获日军军用品 4 车。

新四军在韦岗初战告捷，威震江南。1938 年 6 月 17 日，陈毅欣然提笔赋诗：

故国旌旗到江南，
终夜喧呼敌胆寒。
镇江城下初遭遇，
脱手斩得小楼兰。

诚然，韦岗伏击战是一场不大的战斗。但是在江南这个特殊地区，其影响却极其广泛。半年之内，日军接连占领苏州、杭州、镇江、芜湖、南京等地，对江南的统治得到强化，"日军不可战胜"的神话也愈演愈烈。国民党虽有数十万之众的正规军，还有不计其数的杂牌军，也都

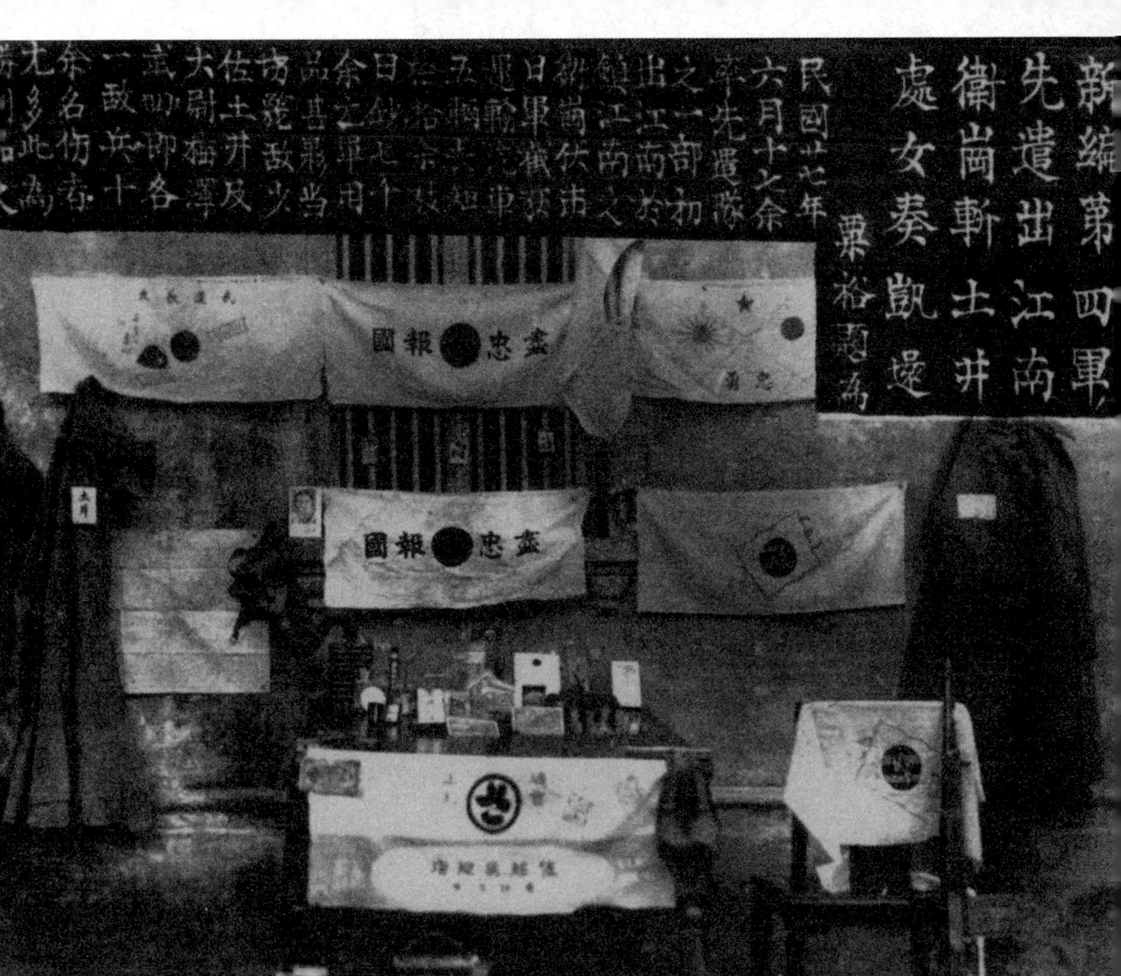

◎韦岗战斗缴获的战利品和粟裕的祝捷诗

打着抗日的旗号，但有的是力不从心，有的则专门“游吃”、“游劫”，根本不敢主动与日军交锋。新四军说到做到，不但真敢打“萝卜头”（江南百姓给日军的绰号，因其帽顶高耸），而且旗开得胜。这就使得日军、国民党军队、江南百姓及各种社会力量都对新四军刮目相看。

此后，新四军又发起了竹子岗、句容、高资、小丹阳等战斗，都取得了振奋人心的战果。新四军初入江南所表现出的积极抗战和所取得的一个接一个胜利，极大鼓舞了江南人民，赢得了人们的由衷信任

故国旌旗到江南
终夜惊呼敌胆寒
镇江城下初遭遇
脱手斩得小楼兰
录卫岗初战诗
陈毅

◎图为陈毅为新四军韦岗初战告捷的题词

和交口称赞。新四军的装备很差，相当一部分人手中没有枪支，有的只是几颗手榴弹甚至大刀片子，而且枪支质量很差，弹药又少，更不要说什么重武器了。就是这样人数不多、武器落后的队伍，面对装备精良、训练有素的侵略军毫不畏惧，主动出击，不断取得胜利，打击了日寇不可一世的嚣张气焰，打出了中国人誓死不屈的信心与意志。

正是这一次次看起来不大的胜利，使新四军的威名很快远播大江南北。江南人民从新四军身上看到了胜利的希望。地方上有抗战热情的游击武装开始向新四军靠拢，国民党军中一些有民族正义感的官兵也开始主动与陈毅联络，愿意和新四军携手抗战。当地的热血青年更是踊跃投奔新四军，立志报效祖国。

韦岗一战后，人们纷纷奔走相告："江南有真正抗日的部队了！"

繁昌保卫战：“七次伟大的胜利”

1938 年 5 月 4 日，党中央和毛泽东发出关于发展华中敌后游击战争的指示，要求新四军在广德、苏州、镇江、南京、芜湖之间创建以茅山为中心的抗日根据地。7 月，陈毅率领第一、第二支队各一部和谭震林所率的第三支队 4 个营，南渡烟波浩淼的长江，分别展开于镇江、句容、金坛和江宁、当涂、淋水、高淳及皖南芜湖、繁昌、青阳地区。

新四军进入江南之后，立即率部投入了组织发动群众、建立革命政权，组建地方抗日武装、积极从事抗日根据地的建设，使繁昌地区成为江南一块巩固的根据地。

1939 年夏，谭震林命令第三支队各团派出小分队，巧妙地出击日军，不断破坏敌人江防设施，引起敌人的极大惶恐。为了取得江防安

◎新四军江南指挥部旧址

全，破坏南北交通，日军出动川岛井联队 600 余人和 116 师团石谷一三联队三个大队 1500 余人，并海陆空炮兵和伪军 3000 余人，先后向新四军驻繁昌的三支队的各阵地进行疯狂进攻。

谭震林详细地分析敌情之后，向部队作战斗动员说："繁昌是皖南门户，是安徽芜湖，铜陵以西和长江的突出部，是大江南北的交通要冲，是保障苏南我军的侧翼后方，它具有重要的战略地位，是兵家必争之地，我们必须作好思想上、军事上、物质上的各种准备，坚决打好繁昌保卫战。"

当时支队指挥部设在中分村、老虎山一带，这里是国民党第三战区防区，第三支队处在国民党五十二师与一四四师之间。因此，繁昌之战是一次关键性的战斗，对于扩大新四军的影响意义至关重要。

江南的夜晚，盘根交错的群山淹没在暮霭之中，天际的群星忽明忽暗，似乎在窥视人间的奥秘。谭震林召集支队和团、营指挥员在开战术部署会议。他指着一张军用地图，用炯炯放光的眼睛环视了大家好长时间，语音深沉地说："知已知彼，百战不殆。日军川岛井联队战斗力较强，武器装备优良，配属了特种兵，我军应尽量避免正面与之拼消耗，要根据有利地形，采取迂回包围的战术，把主力放在繁昌以西南山地。"他停了片刻，指着地图上的一个圈点，将话锋一转，"但峨山头必须扼守，诱敌深入，争取各个击破敌人。"谭震林侃侃而谈，激昂的语调流露对与会者的殷切期望。

◎新四军时期的谭震林

11 月 8 日，日军第十五师团出动 600 余人的步骑兵，配以迫击炮，重机枪，于拂晓时分三路扑向繁昌城。面对装备精良的来犯之敌，谭震林决定采取机动灵活的战术，充分发挥部队熟悉地形、英勇作战的优势，把繁昌城外东边的峨山头作为主要阵地。他一面指挥部队，顶住日寇在炮火掩护下的进攻，多次组织反冲锋，与日军展开白刃战，牢牢地守住主阵地；一面布置兵力，在日军进入繁昌城以后，立即从城西门，北门反攻入城，进行巷战。日军既不明城内各处通道，又处于新四军两侧包围之中，被打得狼狈不堪。战斗从上午一直持续到下午4时，峨山头阵地仍然牢牢地控制在新四军手中。直到黄昏，日军惧怕新四军开展夜战，最后只好施放毒气，抬着死尸和收拾枪械，仓皇撤出战斗，趁黑逃回了据点。

此役自晨至晚，谭震林率部苦战一天，毙伤日军50余名，保卫了繁昌城。捷报传至军部，叶挺、项英联名致电谭震林，对参战的第三支队第五团一营和第六团三营在保卫繁昌之战中“巷战肉搏，追击风飚，不怕牺牲”的精神，给予高度赞扬。

峨山头战斗获胜之后，日军又向汤口坝发动攻击。谭震林在战前进行了严密部署，要求以连为单位制订保证战斗胜利的计划，开展“缴枪比赛”。战斗从凌晨2时打响．日军先后出动步炮兵1100余人，向繁昌城西北、获港东南之汤口坝一带轮番进攻。激战中，谭震林不顾敌人炮火轰击，冒着枪林弹雨，亲临塘口坝阵地，与五团二营营长陈仁洪、副营长马长炎一起观察战况，组织反击；指挥五团三营、六团三营等部队，阻击、包抄增援之敌。

为了狠狠打击日军侵略者的嚣张气焰，谭震林派一个连在汤口镇正面设防，两边山上各摆上一个营。战前，谭震林向指战员鼓励说：“同志们，你们不要以为敌人有机关枪，我们也有，我们还有这个——”说罢，他向大家亮出一支乌黑铿亮的连发二十响的驳壳枪俗称“快慢机”，大声喊道：“敌人的机关枪很笨重，要人扛着走。我们这号短家伙，用起来方便得很”。他用力将驳壳枪在空中挥舞了几下，把大家逗乐了。

原来，谭震林率部在云岭休整时，新四军军长叶挺设法从南洋买回了一批枪械装备，给每个排长以上干部补发了一支驳壳枪。谭震林就把全团的“快慢机”组织起来，扼守汤口坝的前沿阵地。全团战士在工事前面摞上了成捆的手榴弹，加上“快慢机”，严阵以待。谭震林来到前沿阵地，召开了支队营以上干部会议。在做出具体部署之后，他激昂慷慨地说：“我军将士赤胆忠心，向来以民族安危为重。如今，大敌当前，我们要以皖南战局为重，友军一四四师受到严重威胁。我们应主动出击，坚决把敌兵阻击在我军阵地前，不让敌人从我方迂回到一四四师侧后。这是一次恶仗、硬仗，只许打好，也一定能够打好！”这是震撼山岳的誓言，也是要求指战员与敌人战斗到底的动员令。

“哒哒嘀，哒哒嘀——”11 月 13 日凌晨 3 时许，紧急的集合号声划破黎明前的寂静，震响了正在酣睡的新四军指战员，一场在汤口坝的反侵略成斗即将打响。谭震林身挎驳壳检，指挥部队迅速占领有利地形，与日寇展开浴血奋战。霎时，枪炮齐鸣，杀声震天。连长牺牲了，排长顶上，排长倒下了，班长代理，班长受伤了，战士主动指挥。战斗最激烈的时候，谭震林的身影一直出现在前沿阵地上，指挥部队接连打退了日军七次冲锋，毙伤日军 100 多人，迫使日军连夜溃逃。

汤口坝战斗，日军前后投入的总兵力达 2200 多人，新四军第三支队伤亡 80 余人，以较小的代价换取了重大胜利。此役打出了新四军的军威，国民党当局也为新四军的英勇善战、拼死抗战精神所震撼。

11 月 21 日拂晓，日军出动 2000 余兵力，分五路进攻繁昌城，妄图挽回“皇军”军威。谭震林率部沉着迎敌。他要求部队指战员再次以浴血奋战的胜利事实，粉碎反共顽固派污蔑新四军“保存实力”，“只会打小仗”等谰言。他针对敌人增调兵力，以求决战的诡计，在战前召开干部会议，周密地部署了兵力，研究了战法。

在谭震林亲自指挥下，第三支队各营先在繁昌城西北山地进行运动防御，并以一部兵力利用地形、节节阻击，以此来疲劳和消耗敌人。

直至21日下午日军才进入繁昌城。当日军入城以后，谭震林一面命令部队坚守峨山头制高点、展开反击，打垮了日军多次进攻；一面布置兵力，将繁昌城包围起来，组织部队向城内频繁出击。日军困守城内，交通又被切断，完全处于被动挨打境地；加之天气恶劣，雨雪交加，日军深恐自己被围歼，于23日凌晨弃城突围而逃。

第三支队广大指战员不怕天冷，忍耐饥饿，连续苦战三昼两夜，高呼"打进城去"，"活捉鬼子"的口号，歼击突围日军；并在火线上唱日语歌，以日语喊话，瓦解敌人的斗志。这一仗，第三支队共毙伤日军100余名，取得了保卫繁昌的胜利。

新四军军长叶挺、副军长项英再次致电谭震林，赞扬"英勇支队"(第三支队代号)在汤口坝之战中"自我牺牲，英勇奋斗，攻击勇猛"，大大提高了新四军的"政治及战斗的威信"。新四军政治部主办的《抗敌报》，发表了题为《保卫繁昌，屏障皖南的伟大胜利》的社论，高度评价繁昌战役是"芜湖失守以后最大的血战"，是皖南抗战史上空前伟大的胜利，"它粉碎了敌人扫荡皖南的野心，屏障了皖南大后方的徽(州)屯(溪)重地"。

尽管取得了胜利，谭震林依然时刻保持谦虚、清醒的头脑。在总结峨山头、汤口坝两次战斗时，他沉重地说："这两次仗打得很厉害，消耗太大，以后就不这么打了。在我们面前经过的敌人先不理它，让他们深入到我们地区以后，我们部队一展开，和他们打麻雀战。枪声到处在响，敌人到处挨我们打，我们却一个伤员也没有。"

自此以后，谭震林指挥三支队在繁昌打了三仗，打的都是麻雀战，收到了很好的战果。从1939年11月至1940年4月，谭震林指挥第三支队对日军进行大小两百余次战斗，毙伤敌中佐以下官兵450余人，缴获了大量武器和军需用品，取得了七次重大战斗的胜利，保卫了繁昌。

群山环抱的繁昌中分村，红旗招展，欢声雷动，这里正在举行数千人参加的庆祝大会，欢庆繁昌之战的胜利，军民一遍又一遍地唱着新四军政治部新编的《繁昌之战》的歌曲，歌词唱道：

皖南门户，长江边上，
平静的繁昌，成了烽火连天的战场。
无耻的日本强盗，海陆空军一齐进攻，
七次大规模的侵犯，
遭受了次次重大的杀伤。
峨山头的搏斗，
汤口坝的血战，
我们用雪亮的刺刀，爆烈的手榴弹，
把敌人打下山岗，
发扬了我们的英猛攻击，无比的顽强。
我们艰苦奋斗，
不怕凄风苦雨，
我们英勇牺牲，牺牲，
不怕饥寒死伤！
我们顽强战斗粉碎敌人的扫荡！
谁说我们游而不击，
谁说我们不能打大仗。
七次伟大的胜利，
我们坚决地保卫了繁昌！

这是一支歌颂新四军繁昌之战胜利的赞歌，也是控诉日军侵略罪行，激励干部战士抗日斗志的生动教材。这支歌曲当时在江南、江北到处传唱。至今，新四军许多老战士和繁昌地区的老游击队员仍能随口吟唱这首歌。

侏儒山战役：与平型关大捷、百团大战齐名的战役

在武汉地区，除了悲壮惨烈的武汉会战、武汉大空战等，还有一次重要战役。它的名称对很多人来说很陌生，它的战场遗迹也几乎荡然无存，但其在抗战史上的意义和贡献，却不应被忽略，更不应被遗忘。它就是新四军第五师发起的消灭敌军最多、战绩最明显、直接威逼武汉的侏儒山战役。

在“全民国防教育网”上“国防历史－国防小常识”的专栏中，专题介绍了八路军和新四军在抗日战争时期进行的重要作战行动和著名战役，其中列举了平型关战役、百团大战等 16 个战役，之中就有侏儒山战役。在中国军事网站登载的《我军著名战役作战图》中，侏儒山战役也是同平型关战役、百团大战、黄桥战役等齐名的抗战著名战役。

1941 年 10 月，新四军第五师根据中央的指示精神和豫鄂边区的实际情况，决定深入武汉西郊敌后加紧开辟川汉沔（即汉川、汉阳、沔阳三个县）抗日根据地。川汉沔这一地区，驻有湖北伪军中实力最强的伪定国军，其中一师汪步青部 3 个团 5000 余人盘踞在汉阳县的侏儒山和汉川县的南河一带。

同年 12 月，日本偷袭珍珠港，美国对日本宣战，太平洋战争爆发。在偷袭珍珠港的同时，日军总部命令华南方面军的第二十三军进攻香港的英军。为防止中国军队南下支援英军，日军总部命令第十一军发起第三次“长沙会战”。武汉地区的日军增援华北和准备南进，各个据点的日军守备兵力减弱。

新四军第五师在师长兼政委李先念的指挥下，抓住战机，选择盘踞武汉西郊的伪军作为主要打击目标，发起了侏儒山战役。

侏儒山战役，是新四军第五师把政治瓦解和军事打击巧妙结合、显示高超指挥艺术的生动范例。在发动侏儒山战役之前，李先念、任质斌、陈少敏等新四军第五师的领导同志，指挥政治部联络部部长张执一、十五旅政治部敌伪工作科科长张斧等人带领武装小部队，对侏儒山地区的敌、伪、顽的情况作了近半年的调查研究。不仅对侏儒山地区敌、伪、顽的兵力部署和他们之间相互勾结、相互利用而又相互矛盾、相互防范的状况了如指掌，而且对汪步青部排以上军官的基本情况和内部的各种矛盾、争斗也成竹在胸。

1941 年 12 月 7 日，侏儒山战役正式打响。新四军第五师第十五旅主力第四十三、第四十四团和天汉支队一部，进攻汉阳县的侏儒山和桐山头，歼伪军机炮营和 1 个步兵连又 1 个班。

12 月 23 日，第十五旅主力和天汉支队 1 个大队，再次对汉阳县的

◎新四军五师司令部旧址

侏儒山、九沟和沔阳县的周邦一线的伪军第一师主力发动攻击，歼灭1个营，占领了汉阳县的侏儒山和沔阳县的西流河，并且击退伪定国军教导团和第二师及日军各一部的进攻。

十五旅严格执行优待俘虏政策，对被俘人员进行争取教育后一律释放；在释放前，组织他们参观根据地建设和部队装备。伪团长汪波扬夫人被释回去后，宣传“新四军碗口粗的大炮一摆好几里”，劝伪团长不要与我军为敌；释放回去的军官也对伪军讲：“今后遇到新四军，没有我的命令，不准随便开枪！”

汪步青部从此军心动摇，不断有小股部队反正。新四军第五师同汪步青部，不仅斗勇，而且斗智。在侏儒山战役打响前，汪步青听到了一些风声，强迫群众为他们放哨，发现新四军立即报告。新四军第五师十五旅将计就计，用小股部队骚扰汪步青部，再通过地下党一夜几报“敌情”，使得伪军疲惫不堪、麻痹下来，而后正规军上阵奇袭，一举成功。

汪步青在受到两次打击后，为稳住阵脚，曾经写信给新四军，诈称“待机歼灭敌寇，再行反正”。新四军第五师查明汪步青的奸计，巧施反间计，有意将汪步青的信泄露给日军，引起日军对汪步青的怀疑，一度把汪步青关押起来。

新四军第五师抓住敌伪矛盾加剧的机遇，在1942年1月7日对汪步青部发起第三次进攻，俘伪军400余人，毙伤日军20余人。1月28日，新四军第五师第十五旅主力和第十三旅一部，对沔阳县的王家场、余家场、何家场地区的伪军第一师残部进行围攻，并且打击来自沔阳县的仙桃、沙湖和汉川县增援的日军，歼其1500余人。2月4日，新四军两个团杀向鄂中胡家台日伪军，将其歼灭，侏儒山战役大获全胜。

侏儒山战役前后历时近两个月，新四军第五师经过大小14次战斗，全歼汪步青部伪军5000余人、击溃伪二师李太平部1000余人、毙伤日军200余人，取得骄人的战绩。这是新四军第五师成立以来进行的一次规模最大、战果最丰的战役，也是新四军在湖北最大的一次战斗。新四军第五师师长兼政委李先念名声大振，从此驻汉日军“谈李色变”，纷纷退避三舍，固守不出。

同时，侏儒山战役对于新四军在敌后的迅速壮大，也起到了巨大的历史作用。它推动了川汉沔抗日根据地的开辟，在战略上从西边形成对武汉的战略包围,对武汉的日军构成极大的威胁,从而进一步扩大了豫鄂边区抗日根据地。

苏南反“清乡”斗争

1941 年 3 月 5 日，活跃在苏南敌后抗日根据地的新四军第六师正式成立，谭震林任师长兼政委，下辖十六、十八两个旅。十六旅旅长罗忠毅、政委廖海涛，辖四十六、四十七、四十八等三个团。十八旅旅长江渭清，政委温玉成，辖五十二、五十三、五十四等三个团。

为彻底摧毁苏南抗日根据地，日军与汪精卫伪政权几经策划，决定在 1941 年对华中实行“清乡”，采取“三分军事，七分政治”的方针，分期分区进行。他们计划在江南进行三期“清乡”，以达到逐步消灭抗日力量，摧毁根据地的目的。

“清乡”不同于一般的“扫荡”，是综合军事、政治、经济、行政、文化、特务等各种手段的总体战略行动，其目的在于消灭抗日力量，实行伪化统治，征服人心，达到对全地区的巩固占领。“清乡”的具体步骤是先以日军为主，在“清乡”地区周围建立封锁线，切断新四军的内外联系，进而反复“扫荡”，而后以伪军、伪组织为主，进行政治、经济“清乡”，建立伪政权。

1941 年 7 月 1 日开始，日军第十五师团和伪军共 1.3 万余人，对江苏省南部的新四军抗日根据地进行长达 6 个月的大规模“清乡”。

苏南抗日根据地毗邻苏州、常熟、太仓等地区，位于上海外围，钳制沪宁铁路，又是重要的粮食产地，因而日伪将它作为最先实施“清乡”的“实验区”。日军和伪军采用闪电战术，从四面八方对苏常太地区反复进行梳篦式“清乡”与搜索。

同时，他们一改以往打了就走的做法，采取大量增设据点的“驻剿”。梅花桩式的敌据点遍布苏南，多达300余处，并在各据点之间，用铁丝网、电网、竹篱笆等构成小块封锁圈，进行分区搜剿，企图以残酷的屠杀、抢掠等手段，割断人民与新四军的联系，以达到消灭新四军与从点线占领进入全面占领的目的。

当时，战斗在苏南的新四军第六师，由于长江所隔，在战役战斗上，不能像其他几个师那样密切配合，基本上是独立作战，反“清乡”斗争进行得非常艰苦。其中，第十八旅鉴于内线活动地区狭小，周旋困难，遂令第五十一、第五十二团等部直逼江阴、无锡和苏州近郊，

◎1942年苏中军区部队进行反“清乡”战斗动员

袭击日伪军据点，企图调动“清乡”之敌回援，但未达到目的。而留在内线坚持斗争的部队和党政机关，虽经英勇奋战，终因敌众我寡，伤亡很大，仅部分突出重围。这一事实说明，在双方力量悬殊，而斗争环境又不利于新四军活动的地区，必须不断研究敌情，采取新的对策，才能适应复杂的残酷的斗争环境。8 月下旬，第十八旅一部奉命渡江转移至苏中地区。

1941 年 9 月 16 日，日伪军开始第 2 期“清乡”。第十八旅接受上次反“清乡”的教训，采取以隐蔽斗争为主的方针，主力部队及时转移出去，留下少数地方武装依靠群众掩护，坚持了原地斗争。在第 18 旅进行反“清乡”斗争过程中，第十六旅在苏南茅山地区对敌发动攻

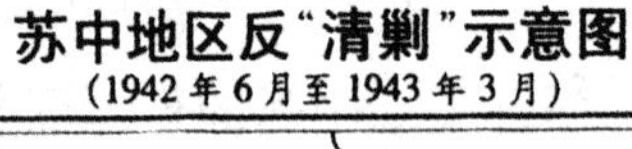
苏中地区反“清剿”示意图
(1942 年 6 月至 1943 年 3 月)

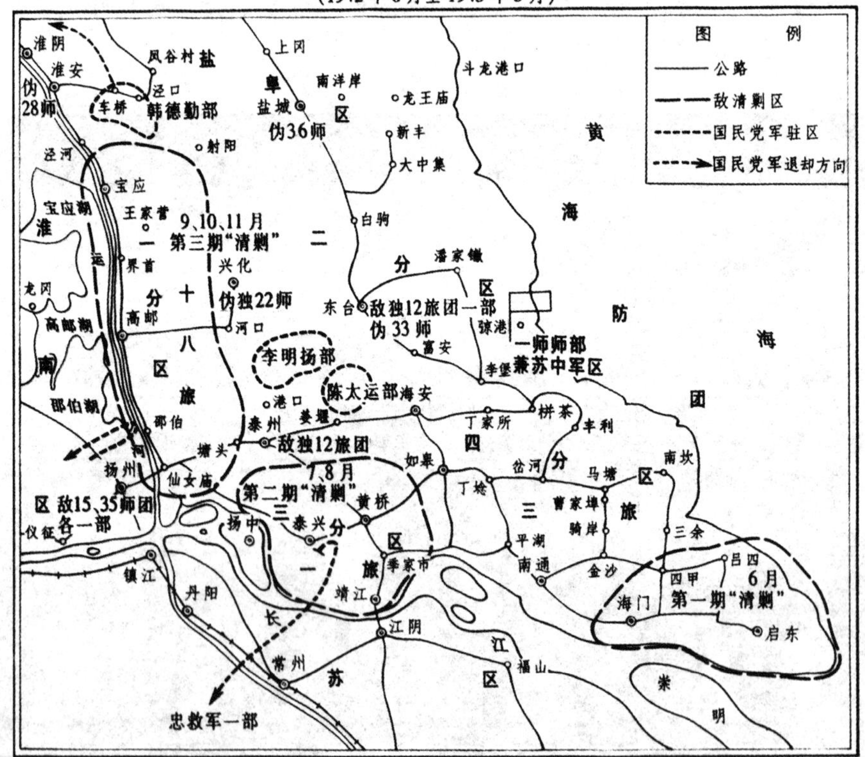

势，连续攻克延陵镇和九里铺等据点30余处，恢复和扩大了金（坛）丹（阳）武（进）抗日游击根据地。

之后，日伪军又开展了第三期“清乡”。因日军兵力减少，加之新四军接受了两次以来反“清乡”的经验，采取灵活斗争为主的方针，并作了充分准备和周密部署，使得日军的第三期“清乡”一无所获。

在军部和谭震林师长兼政委指挥下，新四军第六师艰苦斗争，最终取得了苏南反“清乡”斗争的胜利。经过一年艰苦、险恶、紧张、激烈的290余次大小战斗，新四军第六师彻底粉碎了日伪在苏南的“清乡”、“扫荡”、“清剿”，击毙日伪军2500余人，开辟了大块新解放区，使苏南抗日根据地扩大了一倍，同时击退了国民党顽固派的无理进攻，为尔后新四军向东南敌后发展创造了极为有利的条件。

新四军愈战愈强，愈战愈大，根据地扩大了，巩固了，而日伪军被压缩在点线上，轻易不敢出动；盘踞在乡村的土匪武装有的被肃清了，有的慑于抗日军民的力量不敢为非作歹了。新四军的抗战歌声响彻了江南原野：

我们是工农自己的队伍，
我们在战斗中生长壮大，
千百次血战恶斗，
锻炼出无限的伟大力量……

车桥战役：苏中抗日斗争形势的转折点

从平原到海洋，
钢刀钢枪筑成了铜墙铁壁；
从运河到长江，

锄头钉耙织成了天罗地网……

这是当时苏中敌后根据地流行的一首歌曲。

1944年春，日军为打通中国大陆交通线，陆续从华中地区抽调部队南下参加作战。驻苏中、苏北地区的日军为弥补兵力不足，遂收缩防区,强化伪军,并加强对沿海地区的控制。新四军第一师和苏中军区,遵照中共中央关于集中力量打击日伪军、巩固与扩大抗日根据地的指示，为改善苏中地区的斗争局面，沟通苏中与苏北、淮南、淮北地区的战略联系，为整风、整训工作创造比较安定的环境,决定于3月上旬发起

◎1944年3月,苏中区党委、一师师部和苏中军区机关先后从东台三仓河地区迁至宝应县西安丰镇固晋(津)村

以夺取车桥为主要目标的攻势作战。在组织指挥上，一师前方司令部与一分区司令部暂时合并，组成野战司令部。粟裕和副师长叶飞也作了分工，叶飞负责战场指挥，粟裕掌握全局。

车桥，是淮安城东南20余里的大镇，位于淮安城、泾河镇、泾口镇、曹甸镇之间，是日伪控制淮安东南宝应地区的重要据点之一。敌伪军在车桥和泾河、曹甸、泾口一线构筑了据点，分割为苏中一、二分区。但是敌伪据点，空隙较大。这里又是日寇华中派遣军驻扬州第六十四师团与驻徐州第六十五师团的接合部。两部之间配合较差，便于新四军插入其间，打开苏中根据地的局面，控制苏淮边区的战略机动地区。

这是一场硬仗。此前，新四军一师打击日寇的方式大多是游击战。这次则是集中五个团的兵力，还有地方武装和民兵配合，以游击战和运动战相结合，对日寇展开较大规模的攻势作战。这在苏中抗日游击战争中是没有前例的。所以，一师在战前做了充分的准备，特别是协同作战的准备。战役发起前，粟裕、叶飞将一团、七团、五十二团等集结于泾口、曹甸一线以东的蒋营地区，师指挥所设在收成镇。

日伪军在车桥的据点垒高沟深，设防十分严密。四周筑有大土围子，外壕里面还有许多土围子。大小土围周边仅碉堡就设有53座，还有许多暗堡封锁地面。里面驻有日军80余名，伪军600余名。很明显，日军是要以深沟高垒对付进攻。新四军必须发扬“不怕牺牲，奋勇向前”的精神，实施攻坚，同时还要准备打援。日寇控制点线，交通便利，增援容易，如果没有力量消灭援敌，也就无法拔除据点。但只要援敌离开据点，新四军就可以在运动中歼灭他们。因此，粟裕和叶飞把参战部队分为三个纵队，确定攻坚、打援同时并举，以打援为主，一个纵队担任攻坚，两个纵队担任打援。

3月4日午夜，月明星稀，车桥高耸的围墙、林立的碉堡，清晰可见。午夜2时许，攻击车桥的七团传来捷报。一、二营分两路向土围

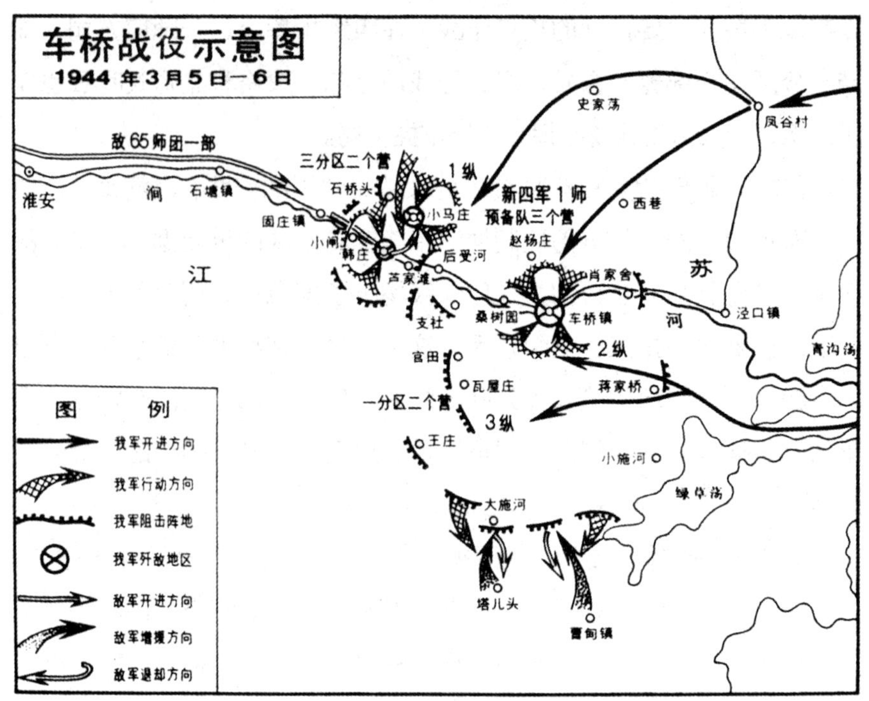

实行袭击，突击队员泅过外壕，架起数十架云梯，登上围墙，随后战士们潮涌般地过了深壕。三枚信号弹窜上夜空，北面的一、三连首先突破围墙。

占领碉堡的伪军负隅顽抗。六连战士陈福田，腰上别满手榴弹，爬上梯子，冒着弹雨，飞身窜到碉堡顶盖，抡起十字镐挖开窟窿，将一连串的手榴弹塞进了碉堡，顽抗的敌人被消灭了。接着三连乘胜继续攻击伪别动大队，占领了涧河以北的街道房屋，监视小圩内的敌人。

一连向围墙上的两个碉堡发起进攻时，战士蔡心田发挥“百步穿杨”的神技，飞步窜近碉堡，一枚手榴弹凌空而起，准确地从敌枪眼里投进了碉堡。随着一声强烈的爆炸，突击组冲了上去，全歼驻守伪军。接着，他们又向伪军补充大队部发起攻击。

告捷的信号弹此起彼伏地窜上夜空。不到一小时，1000 余新四军健儿攻入市镇，向街心进军。二连泅渡过两道两丈多宽的外壕，突破围墙，在伪军尚未来得及进入碉堡时，就将其大部歼灭。四连则从西南角突破围墙后，越过敌火力封锁，在墙上开洞，迅速打进警察局。伪军猝不及防，全部被俘。六连泅水渡壕时，被伪军哨兵发现，幸好前卫班奋勇前进，活捉哨兵，先后占领两个碉堡，随即向纵深发展，成功跃过第二道围墙，向东南碉堡展开攻击。

5 日上午 10 时，伪军补充大队驻守的两个碉堡，被新四军七团攻占。新四军冲进屋内进行白刃战，全歼守敌，俘虏伪副大队长以下 80 余人。11 时，伪军一个中队全部投降。

车桥镇上硝烟正浓，三师参谋长洪学智同志率一个骑兵排，来到新四军的指挥部，带来了七旅部队攻克朱圩子的捷报。战斗打响后，由于三师部队的策应，新一师作战部队北面侧后的安全得到了保障。指挥攻坚战的三旅旅长陶勇同志陪同洪学智同志进入车桥镇里，他仔细地观察了敌人防御体系，称赞攻坚部队的勇猛、灵活。

下午 2 时许，车桥内的碉堡陆续被新四军占领，只剩下日军和伪军一大队部的两个小围子尚未攻克。不久，新四军攻击部队又以山炮、追击炮向敌据圩子发起轰击，将敌人的一些大碉堡及暗堡打塌。

正当攻坚纵队围歼固守的日军之际，车桥西北的打援战斗也已打响，成为师指挥所注视的焦点。

车桥西北的打援地点选择在芦家滩一带。就在这里，一团二营构筑了阻击阵地，在阵地前沿铺设了地雷；突击部队主力一营、二营和特务营隐蔽于芦家滩以北和西北一线，待机出击。

5 日下午 4 时，三师指挥所接到一团报告：淮安来援日军乘坐七辆卡车，于 3 时 15 分进至周庄附近。根据车辆和装载量判断，师指挥所估计日军约为 240 余名左右。

这天东北风大起，当地黄尘遮日，飞沙扑面。一团三营战斗警戒分队在周庄与日军接触后撤回。日寇继续推进至韩庄附近，直至新四军阻击阵地前约1里。三营轻重机枪猛烈开火。日军在慌乱中，闯入新四军在公路以北预设的地雷阵。触发雷、引发雷，一阵接着一阵爆炸，炸得敌人血肉横飞，伤亡约60余人，锐气大挫。日寇的后续部队不敢沿公路前进，只得向新四军三营阵地迂回，企图绕过草荡。新四军二营发现后，立即予以阻击，迫使日军缩回韩庄固守。

随后，三师指挥所收到情报：车桥战斗开始后，驻淮阳、淮安、泗阳、涟水等地日军第六十五师团第五十二旅团的六十大队，先后在淮安集结，由三泽大佐统率，将分批驰援车桥之敌。

果然，日军第二批增援部队约二百人在不久后赶到。午后5时30分，第三批援敌一百余人赶到，第四批也紧跟着到来……但由于遭新四军侧击，这些增援日军都猬集于韩庄。

黄昏，风沙依旧，暮色昏暗。韩庄的日军多次偷袭新四军二营阵地。7时许，日军又集结主力猛攻，企图突破新四军正面阵地，均被新四军击退。新四军愈战愈勇。由一团二营和三分区特务营组成的突击部队犹如猛虎下山，分成四个箭头扑向日军。六连首先攻入，进占韩庄西头。

闽东红军老战士三排长陈永兴，在手榴弹爆炸声中，率先冲入敌群。六班长许德胜端枪紧跟，率领战士与鬼子拼开了刺刀。四连和特务营一连分别由北、西两个方向攻人韩庄，随后五连也自东面突破，把日军截成四段，和敌人展开白刃战。10时许，三营俘虏的日军军官中，有一名身负重伤而又狂呼乱叫的军官，身挂银鞘指挥刀，战士们把他抬到包扎所时，已经死了。经俘虏辨认，正是三泽大佐。

正当在韩庄展开白刃战之际，草荡东侧突然出现一簇簇火光。原来，一部分日军由伪军淮安保安团30余人带路，趁夜暗从新四军阻击阵地右翼徒涉偷越芦苇荡，进至草荡东北，遭到一团七连和泰州独立团一、二连的堵击。日军一部分逃向三面环绕险阻河道的小马庄。午后10时许，一团一营攻击小马庄之敌。三连三班刘绍勇带领全班首先

飞速越过庄北小桥，抢占房屋。经过逐屋争夺，反复冲杀，新四军迫使残余日军退至数间小土屋内。

◎车桥战役英烈纪念碑

6日凌晨2时许，经新四军打击，日军援兵溃乱，四处逃窜。有的跳进芦苇淤泥里，有的窜到新四军打援纵队指挥所附近，被警卫员、通信员捉住。天色大明后，战士们仍在到处搜捕溃敌。“活捉鬼子呀！”“缴大炮啊！”呼喊声此起彼伏。

车桥战役，新四军共歼灭日军大佐以下465人（俘虏中尉以下24人）、伪军800余人、缴获九二式平射炮两门及其他军用品无数。第十八集团军总政治部宣传部在《抗战八年来八路军新四军》一书中曾经指出：“在抗战史上，这是1944年以前，在一次战役中生俘日军最多的一次。”

据叶飞回忆，车桥战役俘虏的日军被押送到师政治部后仍然惊魂甫定，感慨万千。日军炮兵中尉山本一山说：“这次战斗失败，我们犯了轻视新四军的错误。”一等兵水野正一跷着大拇指，连连称赞：“我佩服新四军作战巧妙，惊叹新四军攻击精神旺盛。”伍长石田光夫感慨地说：“我现在清楚知道了，日本兵战斗意志，完完全全比新四军低下。”他们凄然喟叹：“皇军日暮途穷了。”

车桥战役是华中新四军歼灭战的范例。在捷报传到延安后不久，新华社就向全国播发了新四军收复车桥的消息，赞扬这是“以雄厚兵力”打的一个“大歼灭战”。延安《解放日报》也发表了祝贺这一胜利的社论。

在此次战役中，新四军采取“掏心”战术，担任攻点任务的部队绕过日军的外围据点，直取车桥，吸引周围日军来援，并以大部兵力歼击援敌，从而取得了攻点与打援双胜利。此战的获胜，打乱了日本侵略者的“清乡”、“屯垦”计划，打通了苏中与苏北、淮南、淮北根据地的战略联系，巩固和扩大了苏中抗日根据地，实现了苏中抗战形势的根本好转，并为苏中部队开展整风运动提供了安定的环境，揭开了苏中战略反攻的序幕。

1945 年春夏季攻势作战

1945 年春，日军为防止美军在沿海登陆，确保其占领区，特别是南京、上海、杭州三角地带和武汉周围地区，控制主要水陆交通线，大量增加了守备兵力。除原有 2 个集团军部、5 个师、6 个独立混成旅及伪军外，日军又将关东军第六集团军司令部调至杭州，新组建 3 个师、7 个独立混成旅和 1 个独立警备队，并将伪军第二方面军由河南省调至江苏省。到了夏季，日军又从华北和华南调入 8 个师，并将山东伪军一部调入安徽。

为了执行中共中央、中央军委和毛泽东提出的“扩大解放区，缩小敌占区”的战略任务，中共中央华中局和新四军军部领导新四军所属部队于 1945 年春夏季向日伪军占领区内城镇和交通线，连续展开了攻势作战。

新四军部队趁江苏省北部和中部的伪军第二方面军立足未稳，积极进行攻击。第三师兼苏北军区部队于 1～3 月攻克据点 20 余处，歼灭伪军 1200 余人，解放了灌河以北广大地区。4 月下旬，集中第八旅大部、第十旅主力、师特务团及 5 个县独立团共 11 个团的兵力，发起阜宁战役，攻克阜宁县城及据点 22 处，歼灭伪军 2300 余人。苏中军区部队于 2 月下旬攻克据点 5 处，歼灭伪军 900 余人。4 月下旬，又集

◎1945 年新四军在天目山练兵

◎1945 年新四军部队缴获的武器

中 3 个多团兵力，在高邮以东三垛镇、河口镇之间设伏，歼灭日伪军 1800 余人，其中毙伤日军 240 余人。5～6 月，第三师兼苏北军区部队和苏中军区部队，在苏北盐阜、淮海地区和苏中海安地区，攻克据点数十处，歼伪军一部，并争取近 1000 名伪军反正。8 月初，苏中军区集中 3 个团的兵力，攻击宝应以东的望直港，歼灭日伪军 440 余人。

第四师兼淮北军区和第二师兼淮南军区部队，于 2 月至 4 月采取伏击、袭击和围困等手段，积极打击企图打通淮河下游和三河交通的日伪军，迫使日伪军从蒋坝、金沟、浮山等地撤退。新四军乘势攻克据点 10 余处，仅在淮南即歼日伪军近 800 人。4、5 月间，第四师兼淮北军区部队，在津浦铁路（天津—浦口）以东对一些公路进行破袭战，攻克泗阳县城及据点 21 处，歼灭日伪军 3000 余人，后又在津浦铁路以西集中第十一旅等部队共 1.3 万余人，发起宿（县）南战役，歼灭伪军

2个整团共2100余人。6月下旬至7月上旬，淮北军区集中9个团的兵力，发起睢宁战役，攻克睢宁县城及据点17处，歼灭日伪军2200余人，直接威胁战略要地徐州。第二师兼淮南军区部队还于5月上旬争取嘉山县伪保安大队反正，并乘势攻入该县城。

第七师兼皖江军区部队则于4月对芜湖地区日伪军发动攻势，解放了部分地区。7月上旬，一度攻克至德县城（今属安徽省东至县），并解放彭泽、至德之间部分地区。

由中共中央军委直接指挥的第五师兼鄂豫皖湘赣军区部队一部，配合八路军南下支队挺进鄂南，于3月歼灭伪军1个团。4月，为牵制日军对南阳、老河口地区国民党军的进攻行动，第五师兼鄂豫皖湘赣军区调集近6个团的兵力，发起豫西南战役，分由大悟山和确山向随县以南和信阳西南之敌后挺进，打得日寇措手不及，恢复了白兆山和四望山根据地。5月，该军区部队在监利、华容和岳阳附近歼灭日伪军一部，攻克据点多处，7月至8月间，第五师所部又粉碎了国民党顽固派对四望山根据地的军事进攻，并将根据地扩大至泌阳、桐柏、信阳、随县等地区。

在江苏省南部和浙江省，苏浙军区第一纵队于2月向莫干山地区挺进，控制了武康、德清县城；第二纵队于5、6月间歼灭伪军1000余人，并攻克上虞城。这期间，苏浙军区部队还在天目山地区对国民党顽固派军队的进犯进行了自卫反击，挫败了其聚歼、驱逐新四军的企图。8月上旬，该军区部队又在高淳地区攻克据点13处，歼灭伪军1000余人。

在1945年春夏季攻势作战中，新四军共歼灭日伪军3万余人，并争取4700余名伪军反正，攻克县城及重要据点100余处，扩大解放区24万余平方公里，解放人口近1000万，使华中各抗日根据地基本连成一片，为转入战略反攻创造了条件。

第三章

新四军的红色经典传奇

生活远比艺术要精彩，历史远比小说要震撼。

翻看各种有关新四军的资料，我们不难发现硝烟散去，在岁月的磨砺下，只剩下一串串的枯燥数字，一个个熟悉或是陌生的名字。当然，它们标示了新四军骄人的战绩，证明了新四军的牺牲，代表了中国人的不屈尊严，诉说了炎黄子孙为了保卫自己的家园是怎样的前仆后继。

可是有谁曾想过，除却宏大叙事，这些略显抽象、空洞的数字与人名的后面都是一个个有血有肉的人物，一段段鲜活生动的传奇故事。

我们，应该知道那些传奇故事，那些精彩。

名将挂帅新四军

1937 年 9 月 28 日，国民政府军事委员会铨叙厅通报：经蒋委员长核准，“委任叶挺为国民革命军新编第四军军长”。10 月 12 日，国民党江西省政府主席熊式辉在南昌转发了蒋介石关于将南方红军和游击队编入新编第四军由叶挺调用的电令：“一、鄂豫皖边高敬亭部；二、湘鄂赣边区傅秋涛部；三、粤赣边区项英部；四、浙闽边区刘英部；

五、闽西张鼎丞部，以上各部统交新编第四军军长叶挺编遣调用。”这份电令，第一次公开发布了新四军的番号和军长人选，标志着新四军番号的确立。

1939 年，新四军军部决定将 10 月 12 日定为新四军成立纪念日。

共产党领导的抗日武装力量，为什么要由国民党方面来发布命令？这是因为在国共合作的特定历史条件下，共产党当时不是执政党，中华民国政府才是中国对外的合法政府。为了共同抗日，红军改编后全部纳入国民革命军的编制序列，所以国民政府的命令才具有权威性。

那么，组建后的部队为什么叫新四军？为什么让叶挺任军长？新四军的组建与八路军的改编，情况有很大的不同。八路军的改编是经过国共双方反复协商达成协议后实现的；而新四军的组建，国共双方还没有达成一致，蒋介石就单方面抢先于 9 月 28 日任命叶挺为军长并予公布。

叶挺曾于 1924 年 12 月加入中国共产党,1926 年任以共产党员为骨干的国民革命军第四军独立团团长,在北伐战争中率部担任先锋,讨伐军阀吴佩孚部,长驱直进,连战皆捷,在汀泗桥、贺胜桥诸役中屡建战功，被誉为北伐名将，后任第四军第二十五师副师长、第十一军第二十四师师长。1927 年参与领导八一南昌起义，任前敌总指挥兼第 11 军军长；同年 12 月，参与领导广州起义，任起义军总指挥。起义失败后，叶挺因受到不公正的批评，离开了共产党，在海外过了 10 年流亡生活，直至 1937 年日寇全面侵华，才毅然回国参加抗战。

1937 年 7 月 7 日，抗日战争爆发，国共两党再次合作。7 月间，周恩来赴庐山与蒋介石谈判，途经上海。他和叶挺从 1928 年在柏林分手，已有 10 年没见面了。借着这个机会，由潘汉年安排，他们见了一面。要谈的话很多，但周恩来时间很紧，只简短地告诉叶挺：当前他正和蒋介石谈判红军部队的改编问题，待这一任务解决之后，改编南方八省红军游击队的问题，将会提上议事日程，他希望叶挺能够参加

◎新四军军长叶挺在作报告

这支部队的改编工作。为此，周恩来示意叶挺可在适当的时候向陈诚、张发奎等表示一下自己愿意领导这支部队，借以取得他们的支持。

八一三淞沪战役爆发后，叶挺找到正在上海指挥作战的第三战区前敌总指挥陈诚，向他表明希望参加改编南方的红军游击队，并建议成立一支名为“国民革命军新编第四军”的正规部队共同抗日。叶挺提议改编后的部队称为新四军，意在表示继承北伐战争“老四军”的优良传统，象征着国共两党的再次合作。

陈诚听了表示同意，答应由他出面向蒋介石疏通。蒋介石迫于上海危急、南京朝不保夕的严峻形势，采纳陈诚的保荐，再一次被动地接受了中共国产党提出的将南方八省红军游击队合编为一个军的改编方案。9 月 28 日，在没有征得中国共产党同意的情况下，国民政府军事委员会就发出通报，宣布“委员长核定”，“任命叶挺为新编第四军军长”。

不过，叶挺当时并没有马上就职。因为国民党当局的这一委任是在没有征求中共中央意见的情况下单方面做出的，中共中央还未表态，而叶挺本人在没有得到中共中央认可之前，也未呈报就职。

蒋介石认为，叶挺已不是共产党员，这次恐怕不会替共产党办事了。他想趁机拉拢叶挺，企图把南方红军游击队控制在自己手里。之所以他同意将南方红军游击队改编为一个军，是认为既可以把 3 年“剿”不灭的南方红军游击队集中起来，调虎离山，稳定“后院”；又可将他们送往敌后与日军直接较量，“借刀杀人”。当然蒋介石这个单相思并未得到实现。后来的情况表明，叶挺没有被蒋介石拉拢，却更加靠近中国共产党；新四军不仅没有被消灭，反而发展壮大了。

当时，中共中央并没有立即同意叶挺出任新四军军长，是因为叶挺长期寓居海外，中央对他的政治态度和立场不太清楚，需要一个考察了解的过程；加之蒋介石阴谋利用叶挺把红军游击队抓在自己手里，这也是共产党需要慎重考虑的。

鉴于这种复杂情况，党中央和毛泽东并未简单予以肯定和否定，而是相当慎重地与周恩来保持联系，查询“恩来与叶挺究竟谈了些什么”，多次致电博古和叶剑英，告以“叶挺是否能为军长，待你们提出保证”，并决定请“叶挺来延安商谈”之后“再行决定”。

叶挺也深知情况复杂，向在南京的博古、董必武、叶剑英等表示，他理解党中央的慎重处理方针，并郑重声明，他完全拥护中国共产党的政治战略，完全接受党的领导，愿意到延安去与中央负责同志当面商谈。他还表示，如党中央不赞成他做军长，他仍可辞职。

10 月下旬，叶挺离开南京，途经武汉、西安，来到延安。在延安，毛泽东等亲自迎接他，为他设宴接风，多次进行广泛交谈，并陪他到抗大、党校等地参观。

叶挺对他在大革命失败之后走过的这段曲折道路作了自我解剖，再次表示拥护中国共产党的军事战略，接受中国共产党的领导，坦诚直率，溢于言表。毛泽东对叶挺在北伐战争中和南昌、广州起义中建立的历史功绩给予高度评价，对他充分理解我党的路线政策和愿意与我党共同抗日的坚定决心表示热烈欢迎。

他们的谈话开诚布公，真挚恳切，对于抗战的发展趋势、独立自主原则、广泛开展游击战争、创造敌后根据地等重大问题，都有详尽的探讨，并相互取得了充分的理解和信任。他们还谈了新四军的组建问题。

11 月 8 日，由毛泽东亲自主持，在抗大礼堂举行了一次欢迎叶挺的干部大会，正式宣布了叶挺担任新四军军长的决定，项英任副军长。

毛泽东在致欢迎词时说："我们为什么要欢迎叶挺将军呢？因为他是大革命时代的北伐名将，因为他愿意担任我们的新四军军长，因为他赞成我党的抗日民族统一战线政策，所以我们欢迎他。"

叶挺在讲话中激动地说："同志们欢迎我，实在不敢当。革命好比爬山，许多同志不怕山高，不怕路险，一直向上走。我有一段，是爬到半山腰要折回去了，现在又跟上来。今后，一定遵照党所指示的道路走，在党中央的领导下，坚持抗战到底。"

1937 年 11 月 9 日，叶挺受命离开延安前往武汉，肩负起了组建新四军的重任。至此，叶挺成为国共两党都承认的新四军军长。

新四军军部重建

重建军部，誓缚天狼。莽莽海疆，浩浩串场。将军云集，万众慨慷。政委少奇，勋业辉煌。雄才大略，陈毅军长。江淮河汉，纵横决荡。砥柱华中，铁壁铜墙……

许多年过去了，这些镌刻在盐城"重建军部纪念塔"上的文字，读来仍令人热血沸腾。

1940年秋，国民党顽固派以华中为重点，掀起了第二次反共高潮。国民党政府攻击新四军“游而不击”，限令在大江南北抗战的八路军、新四军所有部队一个月内全部开赴黄河以北规定地区、新四军加入八路军序列。中共中央为顾全大局，确定“对皖南取让步政策，对华中取自卫政策，而在全国则发动大规模的反投降、反内战运动”的基本政策，一方面揭露国民党顽固派的险恶用心，一面令皖南新四军部队北移。

1941年1月4日，新四军军部及皖南部队9000余人奉命北移，在途中遭到预先集结的国民党军7个师8万兵力的包围袭击。新四军部队除2000余人突围外，大部牺牲或被俘，军长叶挺被扣押，副军长项英、副参谋长周子昆突围后被叛徒杀害，政治部主任袁国平英勇殉职。

◎图为皖南事变前途经茂林镇的新四军

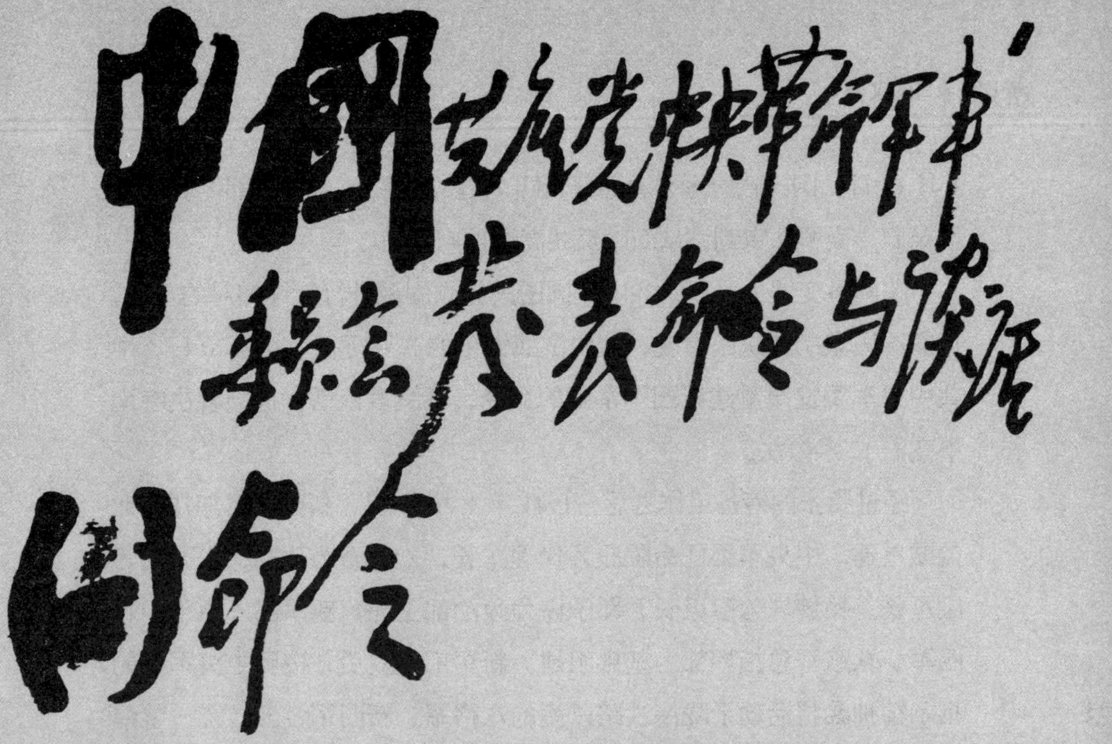

◎图为新四军重建时，毛泽东起草的命令手稿

◎图为整编后的新四军

1 月 17 日，国民政府军委会诬蔑新四军是“叛军”，撤销其番号，将叶挺革职，交军法审判，从而将反共高潮推向顶峰。

皖南事变发生后，中共中央同国民党顽固派进行针锋相对的斗争，揭露国民党制造皖南事变、摧残抗战力量的罪恶行径。1 月 20 日，中共中央军委发布重建新四军军部的命令，并发表谈话，提出解决皖南事变的 12 条办法。

经过紧张的筹备工作之后，1941 年 1 月 25 日，新四军军部在苏北盐城重建。中央军委任命陈毅为代理军长，刘少奇为政委，张云逸为副军长，赖传珠为参谋长，邓子恢为政治部主任。新军部以原华中新四军、八路军总指挥部为基础组建。新军部成立后，按照中央军委的指示精神，将活动于陇海铁路以南的八路军、新四军各部，统一整编为七个师和一个独立旅，共 9 万余人，继续坚持华中地区的抗日。

在陈毅同志的革命生涯中，他曾多次受命于危难之际。1935 年中央红军主力北上抗日，陈毅受命留在中央苏区，任中华苏维埃中央政府办事处主任，领导留在南方的红军游击队，为保卫苏区土地革命的胜利果实进行了极端艰苦的三年游击战争。

◎皖南事变烈士陵园

这一次是皖南事变后，陈毅出任新四军代理军长，他又一次毅然决然地挑起了新四军打破困境的历史重任。

陈毅十分重视新四军的发展方向，他在重建军部的就职演说中严肃地阐释了它先锋队性质，他说："新四军是中华民族的先锋队，他是最坚决地为着中华民族的解放与人民的事业而奋斗。中华民族一天不解放，中国人民一天不解放，则新四军必然会发展……新四军是由优秀的分子组成，是代表抗日民众利益与要求，始终坚持着和高举着这面抗战的大旗，坚决抗战到底！"

新四军的臂章

喜欢看反映抗战题材影视作品的人都会发现并提出这样的问题：新四军使用过两种不同的臂章。一种是写有"新四军"字样的汉字臂章，另一种是写有"N4A"符号的字母数字臂章。为什么同一支抗战部队却有两种不同的臂章呢？这两种臂章是交叉佩戴使用，还是有先后之别呢？

其实，新四军的这两种臂章是抗战时期国共两军关系发展变化的产物。

皖南事变前新四军用是外方内圆蓝白二色"新四军"字样居中的臂章。皖南事变爆发后，蒋介石宣布取消新四军番号。中共中央对此展开了针锋相对的斗争。1 月 25 日，新四军军部在盐城成立。斗争形势要求新四军要有新的臂章，作为全军的标志。军部把这个任务交给了刚来新四军的上海美术教授许幸之。

许教授接受设计臂章任务后，立即收集有关新四军臂章的资料，发现新四军的臂章已经有了好几种设计方案，有画持枪战士形象的，有书写"抗敌"字样的，有印"新四军"字样的，还有字样下注明年月、部队番号的。许教授征求了许多人意见，觉得以前是新四军现在仍然是新四军，只是领导关系的变化，抗战的任务没有变，还是不要离开以前臂章的设计太远，最好仍用外方内圆蓝白二色的形式，里面的字样如果不用汉文，也可用外文字母。许幸之听取了大家的意见后，取了“N 四 A”作为臂章字样，用粗线黑体书写，这样就非常醒目，也很有力。

◎新四军两种形式的臂章

样稿画出来后，许幸之拿给陈毅看，问他是否同意这个样稿。陈毅一看，高兴地说：“这个臂章好，有神秘性嘛，可以起隐蔽保护作用。”果然赞成用英文字母缩写。“不过‘四’用阿拉伯的‘4’，N4A怎么样?”

许教授真佩服陈毅敏锐的审美感，“四”是中国使用的数字，如果字母用了洋文，再用“四”就有点外国人穿马褂的味道，古里古怪的。所以，他马上更改“四”为世界通用的阿拉伯“4”。

后来这个样稿经过鲁迅艺术学院华中分院的美术教员庄五洲最后画出正稿，在原来的基础上又在“N4A”的两个上角各点缀一颗五角星。这个画稿通过后，新四军战士逐步开始用这个臂章。直到抗战结束，新四军被编入中国人民解放军，这个臂章才不再使用。

臂章刚下发到连队时，许多战士不认识上面的洋字母，老是记不住臂章上的发音。有人便想了个办法，用汉语注音，只要记住“恩爱”

便记住了臂章，这方法果然灵。大家开心地称自己膀臂上的臂章是“恩爱”信物，带上它便不能忘记报恩国家，热爱民众。

新四军中的爱国华侨

在华侨史上，李子芳是一个传奇人物。他早年在菲律宾当学徒，后回国求学。在接触到革命思想后，李子芳毅然放弃了自己的学业，加入红军，投身革命。他走过举世闻名的二万五千里长征，参与过新四军的组建，见证了“皖南事变”中的腥风血雨。被国民党反动派俘虏后，李子芳在上饶集中营依然坚持抗争，直到 1942 年，国民党罪恶的子弹夺去了他宝贵的生命。

◎李子芳

抗日战争期间，新四军中像李子芳这样的爱国华侨还有很多。他们以“国家兴亡，匹夫有责”的爱国之心，先后回到祖国参加新四军，投身抗日或在新四军抗日根据地从事抗日活动，为中华民族的解放而浴血奋战。

据不完全统计，仅福建泉州籍华侨先后回国参加新四军或在新四军抗日根据地从事抗日活动的有 60 多人。其中，旅居菲律宾的华侨青年就有 46 人，李子芳和曾担任三支队六团团长的叶飞是他们中杰出的代表。

1938 年 1 月 18 日，由中华民族武装自卫会菲律宾分会组织的、以菲律宾华侨总工会组织部长、“民武分会”负责人之一的沈尔七为总领队、戴血民为队长的“菲律宾华侨救国义勇队”20 人，乘搭“江苏”号轮船由马尼拉直达厦门，途经漳州至龙岩地区的白土镇加入由闽西南红军游击队改编的新四军第二支队，更名为“菲律宾华侨随军服务团”，沈尔七任团长，戴血民任副团长，随二支队赴皖南北上抗日，开始了抗日救国的戎马生涯，成为新四军中第一支由爱国华侨青年组成的抗日队伍。

1939 年 5 月，由“菲律宾华侨各劳工团体联合会”组织的、以沈尔七为政治顾问、以华侨青年王西雄为团长的“菲律宾华侨劳联会回国慰问团”20 人由马尼拉乘搭远洋轮抵达香港。在八路军驻港办事处的安排下，他们绕道越南的河内、海防，入镇南关，途经南宁、桂林和湖南的衡南至新四军的皖南抗日根据地，对军民进行了慰问活动。慰问活动结束后，全体成员报名加入新四军，并分别被派往江南前线的抗日各支部队，驰骋于战火纷飞的疆场。

华侨青年施纯亮、张道时、吴一舟和张极生抱着“满腔热情去受训，不到延安誓不停”的誓言，历尽艰难险阻，先后回国到延安入“抗大”学习，结业后也分别加入新四军，或到中原解放区新四军五师的抗日根据地从事抗日救国的活动。华侨青年、时任菲律宾《华侨商报》记者张幼庭，为了及时报道祖国军民抗日事迹，也千里迢迢专程回国，冒着生命危险到新四军中的抗日前线进行战地采访。

在这批从东南亚各国回祖国参加新四军或在新四军抗日根据地开展抗日救国活动的华侨青年中，有工人、职员、店员，也有自由职业者和在校学生。他们为了中华民族的解放，毅然回到祖国投身于抗日洪流，在革命的熔炉里经受了血和火的严峻考验，不仅由一名普通的华侨青年磨炼成为能吃苦耐劳的革命志士。许多人还加入了中国共产党，成为军队中的骨干，在同敌人的战斗中，表现出英勇顽强、不怕牺牲的忘我精神。

爱国的华侨青年为了祖国的抗日，从四面八方奔赴祖国加入新四军，驰骋于战火纷飞的抗日疆场，用自己的热血和生命，在祖国人民反侵略斗争的史册上谱写了可歌可泣的不朽篇章，得到了祖国人民的充分肯定和高度赞扬。早在 1940 年 6 月 4 日，延安《新中华》报在《华侨在抗战中的作用》的社论中就褒扬“菲岛商报记者张幼庭第一个光荣地殉难于祖国的原野”。1941 年，中共中央就曾明确指出：菲律宾华侨回国参战是菲岛侨胞“给新四军以极大援助”。

新中国成立后，先后追认在抗战中牺牲的爱国华侨李子芳、沈尔七、张幼庭、蒋仁坚、郑聘昌、张伯钧和张极生等人为革命烈士，让烈士英名流芳千古。

“枪炮大王”——吴运铎

20 世纪 5、60 年代，中国工人出版社出版了一批包括《把一切献给党》、《我的一家》、《赵一曼》、《方志敏战斗一生》等在内的革命回忆录，曾畅销几千万册，影响了整整一代人。其中，《把一切献给党》发行达 500 余万册，被译成 28 种文字，向全世界广为介绍。

《把一切献给党》的作者与方志敏、赵一曼等人齐名，知名度很高，用家喻户晓来形容也不为过。他，就是新四军的“枪炮大王”——吴运铎。

1917 年吴运铎出生于江西萍乡安源煤矿一个矿工家庭。家境贫寒的吴运铎只上了两三年学就当了小矿工。1935 年，煤矿不景气，大批工人失业，父亲带着一家人逃荒到了湖北的大冶煤矿。吴运铎在富源煤矿的电机车间当学徒。

抗日战争进入第二年后，战线逼近了武汉。吴运铎决心离开矿山，投奔新四军。跟随他一起做工的几个人听了他的提议，无不响应。经过一番周折，他们最终来到了皖南云岭的新四军军部。

军部首长得知吴运铎等是来自大冶煤矿的工人，其中有人熟悉机械，就分配他们到修械所工作。吴运铎头脑敏捷，人也机灵，什么东

◎新四军一师军工部合影

西他只要看上一眼就会。一年之后，修械所扩大为兵工厂，吴运铎担任造枪班班长。

造枪对吴运铎来讲这是第一次，厂里没有图纸，设备也十分简陋，为了造出枪来，完成党交给的工作任务，吴运铎有股初生牛犊不怕虎的气概。他不气馁，不畏惧，没有图纸自己画，精心打造一个个零件。

工夫不负有心人。不到 3 个月，吴运铎凭借智慧和灵巧的双手，设计和制造出了枪支，创造了新四军的造枪纪录。新枪一批又一批地从这里送到了前线。

1941 年 1 月，吴运铎在皖南事变突围时身受几处枪伤，他凭着坚强的毅力，坚持走到苏南。在快到长江边时，又遭到国民党顽固派的袭击，吴运铎的腿部又一次负伤，险些被捕。过江时，他坐的小船被巨浪掀翻，他抓住一块木板，侥幸地游到了对岸。

刚到盐城的新四军新军部，负责兵工生产的赖传珠参谋长对吴运铎说：新军部刚刚成立，面临着极大的困难，国民党不给经费，一切都要自力更生。而且，我们的队伍扩大到 7 个师 9 万人，我们紧缺枪支弹药。他用期盼的目光看着吴运铎说：“当务之急，你和兵工厂的同志们要赶快建立一个子弹厂。”

吴运铎二话没说便走马上任。他开动脑筋，从实际出发，把从战场上捡来的旧弹壳加工成新子弹。再经过两个月的努力，自己设计和制造了一批生产子弹的工具和机床。从这年 5 月起，新四军开始大批量生产自己设计和制造的新子弹。

在一次战斗结束后，作战部队从战场上收集了一些不能使用的迫击炮弹送到了军工厂。军工部部长吴师孟写信给吴运铎："前方等着炮弹，务请尽一切力量，提早修好。"见此情景，吴运铎赶忙放下手头的工作，来抢修这些炮弹。他发现这批炮弹没有一个零件，只剩下一个空弹壳，不是修理，等于重新制造。他找来一颗同类的完整炮弹作为标准，依样画葫芦来制造每一个零件。炮弹修好了，就是缺少引发爆炸的炸药——雷汞。当时军工厂没有制造雷汞的材料，前线又急迫需要炮弹，要能很快得到雷汞，办法只有一个——从旧炮弹里去挖取。

吴运铎平日收集了一些旧炮弹，并从这些形形色色的炮弹里取出了雷管。出于安全，他把这些雷管浸泡在洗脸盆里，打算等水浸透了再挖取其中的雷汞。

时间一天天过去了，只要听到远方敌人轰隆隆的炮声，想到自己的炮兵还在焦急地等待着炮弹，再看看脸盆里的雷管，吴运铎心急如焚。直到有一天，吴运铎终于忍不住了，他等大家都离开后，独自一个人开始挖雷管。他从脸盆里拣了一支最大的雷管，仔细观察了一会儿，便拿起小签子轻轻地挖出了一小块炸药。吴运铎认为没事了，谁曾想凉水只浸湿了雷管表面一层，内里还是干的。当第二次签子一接触炸药的表面，轰的一声，这支雷管就在吴运铎的手指爆炸了。

吴运铎眼前火光一闪，泡雷管的脸盆里红成一片。他的左手被炸掉了四个手指，肉和皮炸得飞了起来，贴在墙上和桌面上。左腿膝盖炸开了，露出了膝盖骨，左眼直淌血，什么也看不见了，脸上炸出几个洞，浑身麻木得失去了感觉，反而不知疼痛。

军工厂的同事们听见了爆炸声，都赶紧跑了过来。他们看到受伤的吴运铎，忙着绑了个担架，将他抬到了医院。

在吴运铎昏迷的那段时间里，他有时会突然从床上跳下来，直往大门外跑，嘴里还高喊着："我要回去，前方正等着要炮弹呢！"有时，他会突然撕开伤口的绑带，喊着："为什么把我的手捆起来？这怎么干活啊！"十多天后的一个下午，吴运铎终于清醒了，大家焦急万分的脸上露出了笑容，围着他问长问短，告诉他首长和老百姓们都络绎不绝地来探望他。

1941年苏北秋季大扫荡后，吴运铎接到师部通知，要他立即赶到罗炳辉师长那里接受新任务：研制新型的类似掷弹筒一样的武器——枪榴弹。他找来有关书籍，看了一遍又一遍，又将掷弹筒拆散，对一个个零件进行研究。但是，有关书籍上对枪榴弹介绍得很少，整本书对它的介绍只有300多个字，多半是讲它的杀伤力如何厉害，对于究竟如何制造，没说一个字。他唯一的收获就是书上提到，枪榴弹是用普通步枪发射的一种小型炮弹。

吴运铎是个知难而进的人。他整天摆弄掷弹筒和各种大、小炮弹，脑子里不断地思考着，寻找着灵感。终于，他想出了一个方案：把粗钢棍掏空，制成类似掷弹筒的枪榴弹筒，用铸铁造成像迫击炮弹一样的枪榴弹，装进枪榴弹筒内，用没有弹头的步枪子弹的火药高压气体，把筒内的枪榴弹发射出去。

要让想像变成现实不是一件容易的事。吴运铎日思夜想，翻书设计。钳工老高提议把枪榴弹筒的底座和底座柄分开，成了两个零件，这样既节约材料，也方便加工，有利于大量生产。可是，用什么样的机械装置来调节射程呢？大家都面露难色。车工老李突然脑子开了窍，指着车床上转换齿轮旋转方向的手柄说："吴厂长，为什么枪榴弹不可以照这个转换配置来设计呢？"对啊！这也是个办法啊！吴运铎绘图、作试验，半个月后，第一批枪榴弹和第一支枪榴筒造出来了。

第一次试验射击，吴运铎用绳子把步枪捆在大柳树树干上，枪口

◎新四军兵工厂正在突击生产军火，支援部队作战

卡上了枪榴筒，筒口对着荒地，再把枪榴弹装进筒里，拉开枪栓，推进无头子弹，扳机上系一根小绳子。等大家都隐蔽好后，吴运铎蹲在十水塘里，一拉小绳，枪榴弹射了出去。随着一闪的火光和一声爆炸声，尘土卷起烟雾向上冲起，破片呼啸着飞散。

“好哇！”大家就像听到过年的鞭炮声，那种激动和喜悦无法用语言来表述的大家高兴地围拢过来，互相握手、庆贺。

试验虽获得一定成功，并取得了一些经验，但吴运铎还是觉得不十分理想。他认为，枪榴弹在飞行时的弹道不稳定，而且射程还没达到要求。他开始重新设计图纸，把原设计的柱状型弹，改成了滴水型弹，经过射击试验，弹道是稳定了，可是射程总不过 230、240 米。

究竟是什么原因影响了射程呢？吴运铎苦思冥想突然想到发射药，他赶紧推醒了同屋的老马，把自己的想法告诉他。两人立即来到装备车间，把火药倒了出来，放在碾槽里碾成碎屑，使它燃烧得更快一些，充分发挥火药的作用力。他们连夜配好火药，装好几发子弹。

东方刚露出鱼肚白，大家来到试验场。吴运铎装好枪榴弹，左腿跪在地上，朝荒地打了一枪，只听一声枪响，枪榴弹飞得无影无踪。大家都昂着头向前张望，忽然听到远处传来雷鸣般的爆炸声，大家奔向爆炸点，一量距离，射程是540米，比先前增加了一倍多，顿时一片欢呼。

第二天，吴运铎带了两个同志，扛着枪榴筒，挑着枪榴弹到了二师司令部。周参谋长高兴地拿起电话，立即布置了靶场。

靶场边上人山人海，师长、政委、参谋长都去了，一连打了十几发枪榴弹，每一发都射得远，炸得漂亮。

“太好了!”“真棒啊!”靶场上响起了暴风雨般的掌声和欢呼声。

为了生产枪榴弹，吴运铎在仙墩庙的大殿上新建立了枪榴弹车间，制造了几部造枪榴弹的车床，正式开始生产枪榴筒和枪榴弹。

吴运铎和同事们制造的枪榴弹，很快就出现在前线阵地上。1943年8月，在反击日伪军“扫荡”的桂子山战斗中，枪榴弹第一次立了大功。一个大队的日军和汉奸伪军，到根据地来“扫荡”抢粮。他们刚进入根据地边境山区，新四军的枪榴弹就像雨点般飞过去，一下子打死十几个日本鬼子。战后，成钧旅长特地把一支从日本军官身上缴获的手枪送给了吴运铎，作为对他制造枪榴弹的奖励。

1943年后，在盱眙县上贺郢村，吴运铎组建了平射炮弹厂，干部和工人近200人。当时发展到由二师军工部直接领导的有5个军工厂，除子弹厂、平射炮弹厂外，还有旧铺翟庄平射炮厂、手榴弹厂和一个修械厂。1945年夏天，二师六旅十八团在淮南铁路对日反攻作战中，攻打柘塘街伪军据点时，曾用平射炮弹厂造的平射炮一举摧毁了敌人12个碉堡，收复了柘塘街。

抗日战争胜利后，吴运铎和他的军工厂由盱眙迁移到了淮阴，后

◎兵工厂的工人们正在生产73毫米和52毫米迫击炮和弹药

又迁移到山东。吴运铎担任华东炮弹厂厂长。1947 年 2 月，一份密电传到了华东野战军司令员陈毅手中，电文中指名要吴运铎火速赶到东北大连创建炮弹厂。陈毅拿着这份沉甸甸的密电对吴运铎说：“同志哥啊，你在盱眙制造的大批炮弹和枪榴弹，其中有不少支援了东野，你的名气很大哦！连毛主席、朱总司令都知道你是兵工专家、‘枪炮大王’了。现在国共双方争夺东北，那里急需你去制造炮弹，全国一盘棋，我们也只好忍痛割爱了。”1947 年 3 月，吴运铎越过几道封锁线，从烟台搭上了客轮来到大连。经过一番艰辛准备，他很快在一座荒山上建立了东北炮弹厂。

吴运铎在生产与研制武器弹药中多次负伤，失去了左眼，左手、右腿致残，留下伤口100余处。虽然经过20余次手术，身上还留有几十处弹片没有取出，但吴运铎仍以顽强毅力战胜伤残，坚持战斗在生产第一线。他说："只要我活着一天，我一定为党为人民工作一天。"

1951年10月，中央人民政府政务院和全国总工会授予他"特邀全国劳动模范"称号，并将他誉为中国的"保尔·柯察金"。从此，吴运铎的名字传遍了长城内外大江南北。1953年，他拖着伤残的身体写下了自传体小说《把一切献给党》，发行达500余万册，成了那个时代鼓舞人们奋发向上的教科书。

1991年5月2日，吴运铎终因肺心病复发抢救无效，停止了呼吸，享年74岁。一颗传奇式兵工之星从此陨落。

2009年9月14日，吴运铎被评为100位为新中国成立作出突出贡献的英雄模范之一。

新四军中的两位独臂将军

在新中国的开国将军中，有10位独臂将军。毛泽东曾感慨道："中国从古到今，有几个独臂将军嘛？旧时代是没有的，只有我们红军部队，才能培养出这样独特的人才。"这些独臂将军们，为了人民的解放事业率军拼杀，血洒疆场，做出了卓越的贡献；为建设新中国伤痕累累，鞠躬尽瘁，建立了不朽的功勋，谱写出一串串动人故事，留下一段段传世佳话，令人深思，掩卷难忘。

今天，就让我们来认识一下新四军的两位独臂将军。

独臂将军之童炎生：要当模范的将军

在这10位身残志坚的将军中，有一位以“脑壳上要刻着三个字——当模范”为座右铭的童炎生将军。至今，他的传奇故事还广为流传。

童炎生早在十几岁的时候就参加了革命，一直战斗在最危险的枪林弹雨第一线。他深谙“为将之道，要甘苦共众”，“同其生死”，身先士卒。不论是做军事干部，还是从事政治工作，他始终以“脑壳上要刻着三个字——当模范”要求自己，要求部属。抗日战争时期，由于童炎生模范表率作用突出，他很快被提升为新四军主力之一“老虎团”的营政委、团政治部主任。

◎童炎生（1911~1985），江西省安福县人

1940年10月，国民党顽固派人物韩德勤调集26个团3万余人兵力，要把挺进苏北抗日的新四军“赶下长江喝水”。在一次战斗中，近2000敌军潮水般涌向二团阵地，各营和团特务连冲进敌群将敌分割成二段围歼。这时已无预备队可用，团长段焕竞挥枪大声命令：“机关人员跟我上！”红军机枪手出身的团政治部主任童炎生，从战士手中夺过机枪，一连几个点射打掉了冲在前面的敌人。激战中，弹片击中童炎生的前额，顿时血流满面，他坚持不下火线，直到打光子弹。在团首长表率作用影响下，机关勤杂人员齐上阵，消灭了突入之敌。包扎伤口时，童炎生兴奋地说：“今天算是过了把机枪瘾。”可三颗黄豆大的弹片却嵌入他的额头留下终生的纪念。

1944年，童炎生指挥部队击溃了与日伪军勾结的国民党顽固派陈泰运部，一举攻克张游庄。在打扫战场时，新四军缴获大批土制速爆手雷。童炎生在打谷场上手中拿着一枚土制速爆手雷，对部队说道：“这次虽然我们取得了重大胜利，但敌人的这种速爆手雷也给我们造成不小的伤亡。我们要学会运用敌人的武器来武装自己。这种土制速爆手雷起爆时间短而且不稳定，要好好研究它，掌握它，运用它。”说完，他拿着这枚速爆手雷走向村外小河的一座木桥上研究起来。警卫员陈德风见状，边高喊“首长，危险”边往桥上冲去。话音未落，速爆手雷在童炎生刚举起的右手中爆炸。童炎生应声倒地，整个右手至腕部血肉模糊，手掌及手指全部炸飞了。卫生员简单包扎止血后把他送到苏中军区后方医院救治。经截肢，童炎生成了独臂军人。

然而，他是个坚强而乐观的人。术后第二天他就拒绝护士喂饭，自试着已用左手拿筷子吃饭，接着又在病床上练习左手举枪瞄准和写字。杀敌心切，童炎生未等伤愈就返回了部队。由于截肢缝合部位皮肤收缩太大，伤口处红肿发炎，他不得不接受二次截肢手术。但童炎生像上次一样，未等伤口痊愈又赶赴前线。童炎生的这两次“折腾”害得妻子徐敏心急火燎地在医院、团部、前线间跑了三趟，最后还是粟裕下令让童炎生“老老实实”呆在在师部养伤，徐敏才见到了自己的丈夫。童炎生打趣地对妻子称自己是“一把手”，并安慰妻子说：“战争总会付出代价，没有流血牺牲怎能换来劳苦大众的幸福。我是幸存者，你应该庆幸高兴才是。”

童炎生以自己的表率行为，实践了“脑壳上要刻着三个字——当模范”的铮铮誓言。这句朴实无华、言简意赅的口号，更是从此成为新四军老二团、特三团的政治动员令。

全国解放后，童炎生先后任苏北军区参谋长、江苏军区参谋长、副司令员，1955年被授予少将军衔，是全国政协第三、四、五届委员。

1985年5月，童炎生将军因左腿战创留下的顽疾导致骨癌，走完

了他从放牛娃到军人，从士兵到开国将军的 74 年传奇人生。新华社发表通稿称："童炎生同志是中国共产党的优秀党员，我军的优秀指挥员，杰出的政治工作领导者。他的一生是革命的一生，战斗的一生，光荣的一生，全心全意为人民服务的一生。"

独臂将军之廖政国：为了战友，他不惜自己的右臂

廖政国在抗日战争时期，先后历任新四军营长、支队长、团参谋长、团长、旅参谋长、旅长、纵队司令员。

1940 年 10 月，廖政国所在的部队在黄桥决战后，驻扎在黄桥镇整训。此前，廖政国曾听部队指战员反映，当时用的那批手榴弹不好使。手榴弹扔出去时，有时候爆炸威力很大，有时候却只是一破两半，根本没什么威力。武器的好坏，直接关系到战斗的胜败，带着这样的武器打仗，心里可就没底啦。为此，廖政国决定，一定要弄清，这批从伪军手中缴获来的手榴弹，问题到底出在哪里？

◎廖政国（1913~1972），原名廖广庆、廖光清，河南省息县人。

当兵之前的廖政国，是个只有小学文化水平的农家少年。参加红军之后，他利用战斗之余，努力学习文化，有了很大的进步。面对这些又笨又大，有着长长木柄的家伙，廖政国用心琢磨了起来。最终，他搞清楚了问题的原因所在：引线的长短决定了手榴弹爆炸的时间；还有，手榴弹的质量决定了手榴弹爆炸时的威力。

问题找到了！廖政国把部队干部召集到他的屋子里，给大家讲解这批手榴弹的构造原理和爆炸性能。讲着讲着，他手中的那颗手榴弹突然

冒起了白烟。意外发生了！危急时刻，只见廖政国一边高喊“注意安全”，一边迅速跨上身边的桌子，站起来，右手高高举起了手榴弹。

轰然一声巨响，手榴弹爆炸了。周围的人都安然无恙，廖政国的右臂却被炸飞了。

廖政国为什么不把手榴弹扔出去呢？据当时在场的人回忆，当时屋外的院子里有人正坐着晒太阳，窗台上趴着警卫员和马夫，也正入神地听廖政国讲课，隔壁里屋团政委正在休息。廖政国周围的每个方位都有人。在那一刹那，廖政国判断，手榴弹一旦扔出去，不管哪个方向，都会有人伤亡。于是，他选择了站上桌子，高高举起手榴弹，尽量拉开自己与周围同志的距离，让手榴弹在自己手中爆炸。

从此，廖政国就成了有名的“独膀子”。

解放战争时期，廖政国先后任师长、军参谋长。新中国成立后，历任副军长、军长、上海警备区副司令员、舟嵊要塞区司令员、上海警备区司令员等职。1955 年被授予少将军衔，荣获二级八一勋章、二级独立自由勋章、二级解放勋章。

传奇的“汤团行动”

在 1943 年 9 月 29 日《滨海报》上有一则简讯：自敌汪 6 个月“清乡”失败，伪军汤景延率全团返我军。

这寥寥的 20 多字，浓缩了一段潜伏传奇——汤团行动。

在间谍史上，一般都是单人打入敌人内部，至多也只有几个人。而汤景延则是前所未有地率一个团 800 人打入日军内部，与敌人周旋了 167 个昼夜。他们靠着非凡的才能和胆识，骗取了敌人的信任，频频给新四军提供极具价值的情报，并歼灭了大量敌人。

故事，要从 1943 年的江北反“清乡”运动说起。

1943 年，是抗日战争最艰苦、最残酷的一年。日军的“清乡”重点从苏南转移到了苏中地区，他们投入大量兵力，并在“清乡”区内扎起 300 多里长的封锁篱笆，企图将新四军苏中四分区部队消灭在篱笆圈内。日军头目小林信男狂妄叫嚣：“此次清乡胜利唾手可得，新四军跑不了了！”

面对敌人的阴谋，新四军一师师长兼苏中军区司令员粟裕精心研究对策，制定部署，采取多种形式歼灭敌人的有生力量，“汤团行动”就是其中之一。

当时，驻扎在江苏南通附近的通海自卫团团长汤景延收到了南通“清乡公署”主任张北生和南通特工总站站长姜颂平的策反信。这段时

◎日军为分割和“蚕食”抗日根据地所建的子母保垒

间，日伪特务四下里招降纳叛，推行他们“以华治华”的所谓“和平运动”。抗战初期，在国民党杂牌军里担任少校团副的汤景延，看到新四军把抗日斗争搞得红红火火，就带了手下弟兄投奔了新四军，两年后他加入了共产党。由于有了这层关系，“清乡”搞策反，当了汉奸的昔日旧友又想起了他。汤景延立即将这一情况向四分区领导作了汇报。

四分区领导讨论认为，可以借此将计就计，将一两个团的兵力打到敌人内部，伺机而动。分区领导决定，除汤景延外，再派老党员顾复生和崇明警卫团副团长沈仲彝一起，将沈仲彝的警卫团和汤景延的

◎1942年9月南通谢家渡战旧址

自卫团合并为一个团打进敌人内部。此次行动称为：汤团行动。

3 月底，汤景延进南通城会见特工头子姜颂平。汤景延和姜颂平约定，“清乡”开始 10 天后，汤景延带部队“投敌”。

4 月 15 日凌晨，通海自卫团驻地响起密集的枪声。汤景延带领全团官兵正在表演脱离队伍一场戏，如果只是做做样子，敌人要是在附近派了耳目，那么这场戏就要露馅。如果真打，就会伤害自己的战士。这可难坏了汤景延。最后，还是分区领导想了个绝妙的主意，汤团离开驻地的那天，当场将几个等待枪决的真叛徒给枪毙了，让他们的尸体为“反叛”部队提供和新四军拼搏的证据。

等汤景延拉部队到南通时，一个个气喘吁吁，满脸硝烟，那模样

真像经过激烈战斗死里逃生一般。一查，果然有新四军的人被汤团消灭了。

当晚，日军师团长小林中将和苏北清乡主任公署主任兼保安司令张北生、姜颂平举办宴会，欢迎汤团“归顺”。小林将汤团编为“苏北清乡公署外勤警卫团”，汤景延任上校团长，沈仲彝为中校团副，顾复生为中校顾问，驻守海门通海镇、竹行镇、姜灶港等地。

安排妥当后，汤景延又来到苏州，找到伪江苏省长李士群，说了一番吹捧和效忠的话，并给他奉上几件宝贝。李士群大为高兴，第二天就下令委任汤景延为苏北清乡警察大队长。

汤景延站稳脚跟以后，开始在张北生的军需处长汤兆龙身上做文章。他热情地请汤兆龙吃饭，与之交朋友，称兄道弟，目的就是想从这个人口中了解张北生部的军事情报。汤兆龙见到汤景延如此看得起自己，便也大哥长、大哥短地叫个不停。他常对汤景延说：“大哥，我俩一笔写不出两个汤，500 年前是一家嘛，有什么难处，尽管找小弟。”

一天中午，汤景延约汤兆龙在一个叫德隆的小饭店里喝酒。这次又是汤景延做东，他多点了几个菜，俩人边喝边聊。不过，这次汤兆龙借口身体欠佳，喝了几杯便不再多喝。汤景延见他脸色红润，精神抖擞，一点病态也没有，心中不免生疑，便有意挤兑汤兆龙：“你老弟该不是今天又要回去‘量地板’的吧?”

这话点到了汤兆龙的痛处，脸一下子就红了。他的老婆很是凶悍，最看不惯他喝酒。一次，见他又是一摇一晃地回来，说话前言不搭后语，顿时气愤不已，不由分说操起木棍就劈头盖脸往汤兆龙身上砸。汤兆龙抵挡不过，只得跪地连连告饶。恰好这时有朋友来访，看他跪在地上，询问缘故。汤兆龙碍于面子，便扯了个谎，说家里要买地毯，他这是在量地板呢。很快，这话就流传出去，成了汤兆龙的笑柄。

汤景延再次提起此事，汤兆龙自然羞愧难当。为了证实自己不怕老婆，他四下张望后小声地对汤景延说："老兄，这里不是说话的地方。"说罢，他用手蘸着茶水，一笔一画地在桌上写道："明天下午，皇军清乡观战团要来南通，小林信男要我今天做一下安排。所以，我只能喝两杯，实在是没办法。"

汤景延心中一惊，意识到这个消息很重要，不过他并不动声色，笑了笑，说道："既然你老弟今天身体不舒服，那就少喝点吧。下次我们再找机会喝个痛快！"

两人分手后，汤景延火速找到顾复生、沈仲彝，和他们商量对策。三人一致认为，日军不仅要在南通地区搞"清乡"，还要请全国各地负责"清乡"的鬼子来参观，企图在全国搞"清乡"。他们决定要将情况报告给新四军的粟裕、陶勇等领导，另一方面搜集各方面情报，组织力量设法歼灭观战团。

在得到新四军领导的批准后，汤景延率部来到观战团的必经之地，做好了伏击准备。伏击地设在公路中间的一段山坡，公路是劈山而开。所以，这段路两边是陡壁悬崖。走到这里，汤景延指着公路两旁的陡壁说："这里是最理想的伏击阵地。我们只要埋伏在两侧，敌人一进来就进了我们的口袋。"其他几个人均点点头，表示赞同。

很快，汤景延等人就隐约听到了隆隆的汽车声，顾复生激动地说："看来大鱼要上钩了。"

敌人越来越近了，他们看清敌人一共四辆车，一前一后两辆上坐的是士兵，中间两辆上坐的是军官。士兵们荷枪实弹，军官们有说有笑，嘻嘻哈哈，完全没有意识到死神已经在他们的头顶来回盘旋。

汤景延看到车队驶进了伏击圈，战机在即，大声地下达了战斗命令。顿时，机枪、步枪毫不留情地吼叫起来，子弹如瓢泼大雨般倾泻到敌人身上。手榴弹的爆炸声和枪声交汇着，敌人的汽车被炸得不能动弹，敌人更是乱成一锅粥，哇哇乱叫。

霎时间，山鸣谷应。战士们像猛虎一样扑下来，冲进了敌阵，围着负隅顽抗的敌人扫射。敌人见到漫山遍野的新四军，顿觉逃生无望，有的跪地求饶，有的切腹自杀。日军观战团和50多个护送的士兵全部被歼，无一漏网。

打扫完战场，汤景延和战士们又换上伪军服装，神不知鬼不觉地回到了驻地，就像压根儿没发生过这场战斗似的。小林信男和南通敌伪军机关接到噩耗，却始终搞不清楚究竟是哪只部队消灭了观战团，对手又是从什么途径得到了观战团的行踪。

几天后，汤景延为了感谢汤兆龙透露的重要情报，热情邀请汤兆龙再次来到德隆饭店。汤兆龙做梦也没有想到，他准备迎接的观战团遭到歼灭，是出自眼前这位老兄的手笔，没想到是自己惹的祸，没想到汤景延为了感谢自己泄露的机密而请他喝这顿酒，更没想到在这张酒桌上，他将再次扮演“新四军优秀情报员”的角色。席间，他无意地透露了一个信息，那就是日军士兵阵亡后，他们的骨灰都要送到附近的天生港，然后由日本政府派军舰运回国内。这些军舰差不多一个月就要来一次，这几天天生港就停泊着这么一艘军舰。

说者无心，听者有意。这时，汤景延脑子里不自觉地冒出了一个炸毁军舰的想法。

回到驻地，他将自己的想法告诉了顾复生和沈仲彝。沈仲彝颇为兴奋，说道：“这个主意不错，要是办成了，对日本鬼子可是个致命的打击，让他们知道，在中国他们不但打败仗，而且连死也无葬身之地。”但是一想到军舰戒备森严，三个人又都沉默了。

顾复生突然眼前一亮，笑着问：“老汤，我们是不是可以再搞一次伏击呢?”汤景延和沈仲彝不禁都愣住了。顾复生看他俩都不说话，便解释道：“我们劫持一辆运送鬼子骨灰盒的车子，然后将运送的鬼子杀掉，我们的人穿上鬼子服装，再将骨灰倒掉，换上炸药，然后送上军舰。”

汤景延也高兴起来，他想到前几天五连的连长刘文贵告诉他，自己平时喜欢研究定时炸弹，而且最近有了新的进展。这次刘文贵的定时炸弹正好派上了用场。

几天后，汤景延带着100多个战士，在南通公路附近的赵甸车站伏击了一辆日军运送骨灰的车辆。突击队员们按照原计划，迅速换上护送团的服装，跳上车子。汤景延手持大经幡，装扮护送团的“从军僧”，下令开车去天生港。

汽车行驶了一个小时左右，开进了南通城。按日军规定，此时街道两旁的行人都要驻足默哀，要虔诚，要心不转，神不移，目不斜视。在街上遇上“忠灵护送团”，即使是日军的官佐也要下跪低头，表示对亡灵的悼念。

车子顺利驶进了天生港码头，车上军舰必须经过一个岗楼、炮台，这里有四五个日军在站岗，盘查每一个上军舰的人。但是，对于捧着骨灰盒的士兵却不用检查，而且要对骨灰低头默哀。因此汤景延一行顺利地上了军舰。

突然，一个熟悉的面孔闪进汤景延的眼中，他暗自大叫：“不好！”原来，小林信男今天来到了舰上，他是来视察的。汤景延心想若是被小林信男认出来，那么这场精心设计的战斗就功亏一篑了。他极力地低着头，心一下子就提到了嗓子眼，脑子里快速地考虑着对策。谁知，小林信男今天只是虔诚地低下头，向骨灰盒默哀，哪里有心思一个一个地看。汤景延快速地从小林信男的身边走过，然后长吁一口气。一行人全部登上军舰后，他们把骨灰盒按规定放在军舰的底层。刘文贵迅速将定时炸弹安放在一个骨灰盒里。一切安排妥当后，他们很快下了军舰。

几个小时后，惊慌失措的汤兆龙跑来找汤景延，他透露给汤景延一个“惊天新闻”：天生港突发大爆炸，运骨灰的军舰被炸成了一堆废墟。

汤景延听着汤兆龙上气不接下气的叙述，心中暗自好笑，热情地

◎新四军某部作战胜利后的合影

邀请汤兆龙去喝酒，说是要给他“压压惊”。

日伪军“扫荡”时常扑空，加上观战团被歼、军舰被炸，有人向小林信男密报，说这些都是与汤景延有关，说他是共产党，搞的是假投降。小林信男虽对汤景延进行过多次考验，但听到这些密报，联系发生的事情，又重新对汤景延产生了怀疑。为了不让汤景延与日伪军军官接触，他采取的措施是命令汤团离开南通，移防海门。没几天，他又下令汤团移防四甲镇。

不久，张北生、姜颂平命令汤景延率部自长江边调至内线，分驻在南通、海门、如东、如皋等四个县的相距 200 多里的地方。明眼人一看便知他们这一招，就是想让汤团高度分散，相互之间孤立无援，处在日伪之中，便于熔化、瓦解，而团部又无法指挥，最后达到消灭汤团的目的。

汤景延等团部领导分析了敌人的目的、动机。

沈仲彝说：“敌人对我们疑心未除，根据敌人一连串的行动，估计不出一个月，就要向我们动手了。”

汤景延果断地说：“事不宜迟，我们不能坐以待毙。立即发电，请示上级。”

电报发出一小时后，新四军将领陶勇、姬鹏飞复电：将计就计，破腹归队。

几天后，在汤团据点的牌桌上，汤景延打响了“投敌”以来最痛快一枪，击毙特工站 6 个人，随后带领全团战士一连拔了 10 多个据点和区公所。与此同时，分布在 200 多里的各连统一行动，将附近的日伪据点一扫而光，与接应他们的新四军两个团，里应外合，以迅雷不及掩耳之势，破腹而出，胜利而归。

陈毅电令嘉奖汤团全体官兵，并任命汤景延为苏中军区联抗部队司令，顾复生为政治部主任，汤团改编为联抗二团，沈仲彝为团长。

这支经受了特殊考验的部队，经过一百多个日日夜夜的“潜伏”，最终成功回到了新四军抗击日本侵略的战斗行列，谱写了八年抗战史上极富传奇色彩的光辉篇章。

共和国大将粟裕生前回忆新四军抗战史时，曾多次提到“汤团行动”，并给予了高度评价。“在多种形式的对敌斗争中，还要讲一讲汤景延领导的通海自卫团所作的斗争。该团利用团长汤景延的特定社会关系，打入敌伪内部，进驻通、如、海、启清乡重点区，在极其复杂艰苦的环境中，进行特殊的战斗。”

新四军高级将领狱中斗争的故事

在江西上饶周田、茅家岭、李村、七峰岩等地一带，设立有一座规模庞大的法西斯式人间地狱。这就是臭名昭著的上饶集中营，是蒋介石在“皖南事变”后为关押俘获的新四军战士而建立的军事监狱。这里守卫严密，监狱四周架设起铁丝网，砍光了周边的一切树木，由号称精锐的宪兵第八团的一个连封锁着所有通往这里的道路。

◎黄诚，1914年生，安次县（今廊坊安次区）调河头镇人

集中营内主要囚禁皖南事变中谈判被扣的新四军军长叶挺和弹尽粮绝被俘的新四军排以上干部，这其中就包括军部政治部秘书处长黄诚、教导总队副总队长兼教育长冯达飞、和组织部部长李子芳等新四军高级将领。还有部分从东南各省抓来的共产党员和其他爱国进步人士，共七百余人被陆续押送到这里。即使失去了自由，这些党的优秀儿女也没有放弃自己的信仰，而是秘密成立了狱中党支部，继续同国民党反动派做着不屈不挠的斗争。

虚伪狠毒的蒋介石沽名钓誉，为了不落人口实，在上饶集中营推行了有别于其他监狱的管理制度。对外打着军事训练机关的幌子，明明是失去了人身自由的“阶下之囚”，却被称为“学员”，所有人一律着军服。由于皖南事变震惊中外，加之这里关押着大量声名赫赫的新四军高级将领，所以负责看押的特务们在监狱里实行的是所谓“政治感化为主，军事训练为辅”的管理方法。

然而，黄诚、李子芳等高级将领并没有被敌人的“怀柔”政策所迷惑。他们在熟悉了集中营内的情况后，很快成立了秘密的党支部，由李子芳任党支部书记，黄诚、冯达飞等人担任支部委员。经过一段时间的观察和总结后，他们决定要不惜一切代价率领被关押的同志越狱，只有逃出去才能够为革命做更多的工作。但是，这需要周密的计划和时机，他们悄悄准备着，等待着。

由于黄诚是“高级政治犯”，所以被关押在独立的牢房内，并且享有看报纸的权力。每天早上特务都会送来当天的报纸，晚上再收回去，严禁私自传递。一天，黄诚正在考虑怎样能与其他的牢房取得联系时，忽然听到左面的墙角传来一阵有节奏的敲打声。是隔壁牢房的同志！黄诚一阵惊喜，赶紧走到墙角坐下来，避免被巡逻的特务看到。果然，墙角砖缝间塞过来一小块草纸，上面写着：“请问你是黄诚将军吗？”原来，聪明机智的同志们早在监狱中发明了“笔和墨”：将棉衣里的棉花掏出来用火烧焦，再调上省下来的清水，不就成了上好的“墨水”了吗；至于笔就更简单了，扫地的笤帚，睡觉的竹席都是同志们制作笔的上好材料。在监狱的同志们俨然成了一个个“能工巧匠”。

通过这种方法，黄诚很快和各个牢房都取得了联系。每天他将载有最新消息的报纸通过“密道”塞给其他牢房的同志，传阅一遍后再偷偷交回黄诚手中。同时，一有风吹草动，各个牢房间也能立刻互通消息，出谋划策。狱中党支部的成员也逐渐多了起来，一时间，又和组织有了联系的被捕同志变得心安了，这使原本一直暗流汹涌的监狱反而呈现出和平的气象来。

但是，狡猾的国民党反动派很快觉察到监狱中出现了问题。因为随着狱中党支部的建立，抵御不住怀柔政策而叛变的人越来越少。即使是反动派安插在各个牢房的“卧底”也都被孤立起来，再也探听不到一点消息。

◎茅家岭监狱旧址(上饶集中营)

国民党反动派所谓的“怀柔政策”失败了。不甘心的他们开始了第二阶段的高压政策，即严刑逼供。他们开始频繁地提审“要犯”，近在咫尺的审讯室里日夜不停地传来使用刑具的声音。凶残的特务使用着五花八门的手段，不断摧残着受刑的同志：吊老虎凳、灌辣椒水、烧红的烙铁……每天都有同志走不出那处人间地狱。随着时间的推移，渐渐地有越来越多的意志不够坚定的同志因受不了特务们的毒刑而叛变。

形势已万分危急，越狱的计划已刻不容缓。其实，早在 1941 年秋季，越狱的地道就已经在李子芳的领导下挖通了，但是因为想挽救更多的同志，所以一直没有启用。现在已经顾不得太多，李子芳批准同在一间牢房的徐锦树、廖振文等几名新四军战士先行使用暗道逃狱。他自己却因为受刑而身体虚弱主动放弃了逃狱的机会。对此，李子芳坦然地说："既然参加革命，我早就做好了牺牲的准备。只要能掩护更多的人逃出去，我的死就算有价值。"

这次越狱事件发生后，特务们恼羞成怒，将李子芳带到审讯室严刑拷打，逼问逃狱人员的下落和逃跑的途径。李子芳冷笑着对特务说："你们的脑袋也太不灵光了吧，如果我害怕你们毒刑的话还会留在这吗？那这会儿我早就跑回大部队带人回来消灭你们这些蒋介石的走狗了。"

无计可施的特务只有加强了各种防范措施，并进一步加剧了对新四军战俘的逼供迫害。李子芳和黄诚也被取消了政治犯的待遇，被钉上了脚镣，受到了更加严密的监视。

1942 年 4 月，日本侵略者发动浙赣战役，大批侵华日军进攻浙赣地区，逐步向上饶方向逼近。5 月上旬，国民党反动派军队在匆忙撤退前，将李子芳、黄诚、张正坤、冯达飞等新四军高级将领秘密杀害在了上饶集中营内，英勇的共产党将领们至死也没有泄露出狱中的逃生路线，为仍被关押的同志留下了一线生机。20 多天后，狱中的同志们趁日军逼近上饶，国民党反动派内外吃紧的情况下，发起狱中暴动，至少有上百名新四军将士成功逃离了上饶集中营。

这样大规模的成功越狱事件在国民党的历史上是没有的。这是所有新四军将士同心协力不屈不挠的斗争意志换来的奇迹，也是那些为守护秘密而英勇牺牲的高级将领们用生命换来的希望。

第四章

新四军英烈谱

在八年抗战中，新四军将士前仆后继，浴血奋战，积极同敌人的“扫荡”、“清乡”、“伪化”、“蚕食”、“摩擦”做斗争，打击了日伪的嚣张气焰，粉碎了顽固派的投降逆流，开创了华中敌后抗战的新局面，走出了成百上千的元勋将星、治国大才，最终赢来了抗战胜利的曙光。

然而战争是残酷的，新四军中的很多将领也付出了他们宝贵的生命。长眠于地下的革命先烈，难以数计。他们中间，有些人留下了姓名，功勋彪炳史册，但更多的则是无名英雄。

历史不会忘记他们。新四军的忠烈将永远活在人民心中，必将与日月同辉，流芳百世，光耀千古！

叶挺：在烈火和热血中永生

叶挺，1896 年 9 月 10 日生于广东省惠阳县周田村，先后就读于广东陆军小学堂、武昌陆军第二预备学校。

从湖北陆军第二预备学校毕业后，叶挺以优等生资格升入保定陆军军官学校。他学成毕业，即投奔援闽粤军。1921 年，叶挺任孙中山陆海军大元帅府警卫团第二营营长。1922 年 6 月，粤军总司令陈炯明叛变时，他奉命守卫总统府前院，掩护孙夫人宋庆龄脱险，受到孙中山的接见奖勉。

1924 年，叶挺以国民党员第一人的身份留学苏联，并在东方大学加入中国共产主义青年团和中国共产党，由信仰三民主义转而信仰共产主义。1925 年归国后，叶挺参加了国民革命军的二次东征。1926 年，叶挺领命率第四军独立团先遣北伐——这是革命新军中第一个以共产党员为骨干组建的军队。

国共合作的北伐战争以北洋军阀为直接打击目标，叶挺是这场革命战争中的英雄人物。从广州北上，到武昌城破，叶挺率领第四军独立团驰骋千里，战无不胜，攻无不克。汀泗桥奇兵袭击、贺胜桥中央突破、武昌城围攻鏖战，独立团敢打敢拼，锐不可当，在消灭北洋军阀吴佩孚军事集团的一次又一次重大战役中，功勋卓著。在北伐战争中，叶挺多谋善断，屡建战功，被誉为“北伐名将”，所部被称为“叶挺独立团”，为四军赢得“铁军”称号起了重要作用。

北伐战争取得了伟大的胜利，但是，蒋介石也看到他的独裁野心具备了实现的可能。随后，他一面与武汉国民党中央对抗，一面加紧进行反共部署。1927 年，蒋介石勾结汪精卫分别在上海和武汉发动反革命政变，大肆捕杀共产党人和革命群众。国共合作全面破裂，轰轰烈烈的大革命失败了。

中国共产党在血的教训中得出结论：必须以武装的革命对付武装的反革命。南昌起义爆发后，叶挺任前敌总指挥兼第十一军军长，率部参加领导了这次具有伟大历史意义的武装起义。然而，在粤桂军阀的死命绞杀下，起义部队在潮汕地区遭受众多国民党部队的围攻，最终失败。从中突围出来的部队，后来成了中国工农红军的火种。

壮志虽未酬，雄心仍不减。1927 年 12 月，叶挺只身潜入广州，参加领导广州起义，任起义军工农红军总司令。起义失败后，叶挺遭受

共产国际的严厉批判。他投告无门，便从莫斯科愤然出走，流亡德国，开始了长达十个年头的海外漂泊生涯。

中国抗日战争爆发后，在不断高涨的全国抗日救亡运动的推动下，国共两党第二次合作终于实现，中国抗日民族统一战线正式形成。国共两党又达成协议，将南方八省红军游击队改编为国民革命军陆军新编第四军。叶挺作为国共两党都认可的具有重大影响的人物，出任新四军军长。

抗日救国是叶挺心中最强烈的愿望。他虽未重新加入中国共产党，但他坚决贯彻执行党中央的正确路线，坚持华中敌后抗战，痛击日本侵略军，打出了军威，振奋了民心。中共中央特致电叶挺军长、项英副军长并全体将士，赞扬新四军“打击了日寇，壮大了自己，创设了游击区域”。1940 年，叶挺亲自率部粉碎了日军对皖南的“扫荡”，得到了蒋介石的致电嘉奖。

叶挺在新四军任职期间，针对国民党限制新四军发展的方针，在编制、经费、防区以及两军关系等方面，与蒋介石及国民党有关当局进行了许多交涉和斗争。同时他还利用自己的影响，开展抗日统一战线工作，向爱国人士、海外华侨、国际人士和国民党内的朋友等，募集物资枪支款项，并动员一批学者、故旧、亲属参加新四军，壮大抗日力量。

◎抗日名将叶挺英姿

1941 年 1 月，国民党顽固派制造震惊中外的皖南事变。在安徽泾县茂林地区，遵令北移的新四军军部及所属皖南部队 9000 余人，突遭国民党军 7 个师 8 万余人的包围袭击。叶挺指挥部队奋起突围，浴血奋战七昼夜之久，终因寡不敌众，弹尽粮绝，除 2000 余人突出重围外，大部或壮烈牺牲，或被俘失散。为执行中央指示，保存干部，减少最后的牺牲，叶挺下山与国民党军队谈判。此一去即遭扣压，叶挺被国民党当局囚禁了长达五年零两个月的时间。

皖南事变是国民党第二次反共高潮的最高峰。他们破坏抗战，制造借口，布设陷阱，对共产党的军队进行了一场大规模的阴谋屠杀。重庆《新华日报》发表周恩来的题词："为江南死国难者志哀！""千古奇冤，江南一叶；同室操戈，相煎何急！?"

扣押期间，叶挺拒绝国民党当局许以高官的利诱，坚决不为蒋介石当"鹰犬"。1942 年囚禁重庆时，蒋介石曾"召见"过一次叶挺，逼叶挺"绝对服从我，跟我走"，叶挺则答："请枪毙我吧！"大义凛然，宁折不弯。在重庆渣滓洞的囚室里，叶挺写下了那首著名的《囚歌》：

为人进出的门紧锁着，
为狗爬走的洞敞开着，
一个声音高叫着：
爬出来呵，
给你自由！
我渴望着自由，
但也深知道——
人的躯体哪能由狗的洞子爬出！
我只能期待着，
那一天——
地下的火冲腾，
把这活棺材和我一齐烧掉，
我应该在烈火和热血中得到永生。

《囚歌》这首诗将叶挺的雄心壮志和不屈服的精神描绘的淋漓尽致。这是斗士的宣言，是又一首《正气歌》，郭沫若称它为“真正的诗”。不凭别的，只凭这一首诗，叶挺的名字就熠熠生辉。它由不可动摇的信念和摧毁旧世界的气魄所凝成，透射着人格和精神的光芒。

抗日战争胜利后，经中国共产党的一再交涉，并以释放邯郸战役中俘获的国民党第十一战区副司令长官兼第四十军军长马法五为交换条件。叶挺在 1946 年 3 月 4 日获得自由。

叶挺出狱第二天即电告中共中央，请求重新加入中国共产党：“我已于昨晚出狱。我决心实行我多年的愿望，加入伟大的中国共产党，在你们的领导之下，为中国人民的解放贡献我的一切。我请求中央审查我的历史是否合格，并请答复”。中共中央于 7 日复电，称赞他忠诚地为中国民族解放与人民解放事业进行了 20 余年的奋斗，经历了种种严重的考验，决定接受他加入中国共产党。

1946 年 4 月 8 日，叶挺自重庆飞返延安，途中飞机失事，于山西省兴县黑茶山附近不幸遇难。同机的遇难者还包括叶挺的夫人李秀文和女儿叶扬眉、尚未取名的孩子“阿九”以及王若飞、博古、邓发等

◎叶挺将军故居及纪念馆

中共重要领导人。

死讯传出后，毛泽东在《解放日报》上发表悼词说："为人民而死，虽死犹荣。"朱德题词："为全国人民和平民主团结而牺牲。"周恩来为此撰写了《"四八"烈士永垂不朽》的悼念文章。

1989 年 11 月，叶挺被中央军委确定的我军 36 名开国军事家之一。2009 年 9 月，新中国成立 60 周年之际，叶挺被评为 100 位"为新中国成立作出突出贡献的英雄模范人物"之一。

茂林悲歌哭项英

1941 年 1 月 6 日，国民党第三战区奉蒋介石之命，在安徽泾县茂林地区悍然袭击遵令北移的新四军部队，制造了震惊中外的"皖南事变"。新四军 9000 余抗日将士浴血奋战，几次组织突围，终因寡不敌众，屡遭挫折。至 13 日，新四军各阵地均被突破，军长叶挺、副军长项英决定分散突围。

在部队掩护下，项英及副参谋长周子昆带着警卫人员李德和、夏冬青、黄诚等突出第一道包围，来到大康王一带荆棘丛中隐蔽待机。

14 日傍晚，项英一行突然遇上突围出来的军部副官刘厚总，便让他跟着自己一起走。18 日晚，项英带着大家离开大康王，来到罗丝坑。这里只有两三户人家，他们弄来一些油菜、细糠充饥。第二天,在一个棚子里找到了作战科长李志高、侦察科长谢忠良等几个同志。彼此见面，百感交集。

项英拉着谢忠良的手，难过地说："新四军这次失败，我是要负主要责任的，把你们搞成这个样子。"周子昆也插话："我也有责任。"项英又说："将来到延安后，我会向中央检查自己的错误。不管指责我是什么主义，我都接受。"

◎项英（1898.5~1941.3.14），新四军的创建人和主要领导人之一，抗日名将

会合后的第三天，项英决定成立临时党支部。他指定李志高为书记，谢忠良为副书记，并说：“在隐蔽过程中，一切行动要以支部为核心。”不久，他们与突围出来的五团二营营部取得了联系，合起来有40多人。当时敌人搜山很紧，项英他们找不到粮食，只摘到一二百斤红枣，每天就靠一把红枣充饥。

2月下旬，项英和一部分人员从濂坑石牛坞村的地下党处了解到，村后的赤坑山上有个蜜蜂洞，地势险要，十分隐蔽，进洞时要攀住凸起的石头或树枝才能上去。洞很小，也不平，进去时头部不能抬起来，只能容纳四五个人。

项英决定在这里隐蔽一段时间。他和周子昆、刘厚总、黄诚住在洞里。其余十多人住在山下一个大岩石下，与蜜蜂洞相距三四百米。当时项英跟大家开玩笑说：“下面是第一线，如果发现情况可以抵抗，掩护我。我们住在上面，我如果走不动，刘厚总他力气大，枪法准，又打过游击，有经验，可以背我上山。”在蜜蜂洞的20多天，项英一直在筹划突围渡江，准备工作进展较顺利。

3 月 13 日夜，项英、周子昆的心情似乎比往日轻松一些，他们边下棋边谈心：“找到地方组织，去江北就快了。”

“只要不死，总会突围出去的。”

“这次我们吃了很大的亏，总有一天要把这个账算回来……”

夜很深了，警卫员黄诚对他们说：“首长睡觉吧，天很晚了。”周子昆说：“小黄，你先睡吧，我们等一下就睡。”不一会儿，大家都睡下了。从里到外的顺序是黄诚、周子昆、项英、刘厚总。

这天晚上，刘厚总失眠了。黑暗中，他摸索着，他没有抓到梦幻中救生的绳索，却触摸到身旁一件硬物——那枝在微亮中闪着寒光的崭新的驳壳枪。项英对刘厚总很信任，几天前看到他的那枝枪太落后了，便专门嘱咐人给换了一枝崭新的驳壳枪。

他缓缓地举起了驳壳枪，对准了熟睡中的首长和战友。几声沉闷的枪声过后，项英、周子昆、黄诚倒卧在血泊中……

刘厚总行凶后，仍按头一天的安排于黎明前下山邀警卫排长李德和去执行任务。他们在石牛窝地下党员姜岳凡家里遇到执行挑粮任务在此休息的郑德胜等人。刘掏出一包“小刀”牌香烟给大家抽。郑说：“这香烟是首长吸的，你从哪里搞来的？”刘说：“管他哪里搞来的，你抽就是！”这时李德和问：“你们刚才听到枪声没有？”大家说没有。刘厚总说：“天快亮了，我们走吧。”说完拉着李德和就走。他俩走到一个岔口，听到狗叫，刘厚总说：“前面有个戴军帽的人，可能是敌人，你等一等，我先下去看看。”说完他丢下李德和，就慌慌张张跑起来。李见他不回来，就在后面喊他等一等。他不理，反而跑得更快了。李德和追不上，联想到出发前听到的枪声，估计山洞里首长的安全可能出了问题，便折回来要郑德胜他们赶快下山。

李德和等几个跑到赤坑山，喊醒正在睡觉的谢忠良。大家一起跑到蜜蜂洞，只见项英、周子昆、黄诚倒在血泊中。项英躺在洞口，头朝南，头部中了两枪；周子昆头朝北，胸部中了一枪。黄诚中了三枪，

一枪在右臂穿透，一枪在脖子上，还有一枪从左臂擦过。当时黄诚昏了过去，刘厚总以为他死了，大家见到他时，他已醒过来，趴在洞口，一边哭，一边说刘厚总叛变了。大家检查洞里东西时，发现项英、黄诚的手枪没有了。项英的手枪还是斯大林送给他的。项英、周子昆所带的经费以及项英用的金挂表、派克自来水笔等都被刘厚总拿走。

谢忠良和大家商量，觉得这里呆不下去了，刘厚总要是投敌，一定会把敌人引来。他对大家说："我们先把项英同志和周子昆同志的遗体埋葬好，做上记号，等革命胜利后，我们再取回去。项英穿布鞋，容易腐烂，周子昆穿皮鞋，三五年不会烂，等革命胜利后，我们就可以找到了。"

这样，他们就在离蜜蜂洞一百多米的一个地方挖了两个坑，项英埋在稍高一点的坑里，周子昆埋在下面一个坑里。谢忠良向大家交代说："大家记住这个地方，将来我们这几个人，总有个在的。"

黄昏，他们便转移了。不久，这批人员渡江到了无为，与新四军第七师会合。

解放后，根据刘伯承的指示，项英、周子昆的遗骨被移至南京雨花台。中国人民解放军华东军区在那里为项英、周子昆以及在突围中牺牲的新四军政治部主任袁国平造了三座墓，项英的墓置于中间，人们称作"三烈士墓"。

天网恢恢，疏而不漏。刘厚总枪杀项英等人后，投奔国民党。国民党并不信任他，将他押送重庆关入军统局的渣滓洞看守所，一关就是几年。新中国成立后，他隐姓埋名，潜伏在江西新余县的一家盐铺当管账先生。1952 年 7 月 28 日，他行迹败露，在新余县被捕。同年 8 月，刘厚总被执行处决，告慰了烈士的在天之灵。

彭雪枫：抗战中牺牲的新四军最高将领

在河南镇平“彭雪枫纪念馆”，有一把自遥远国度漂洋过海而来的异国风情的宝剑。那是英国女皇在1994年诺曼底登陆50周年之际，赠给彭雪枫陵园的“威尔克圣宝剑”。这把宝剑是对彭雪枫将军在世界反法西斯战争中为民族解放做出的卓越贡献的肯定和纪念。

在新民主主义革命时代，中国共产党领导的军队中战将如云，可谓群星璀璨。彭雪枫是其中非常耀眼的一颗。他身材高大，长相俊逸，而且文武兼备，智勇双全，是上马可杀敌、下马笔如椽的不可多得的军中儒将，其形象几近完美。彭雪枫将军纵横驰骋的一生，真可谓“萧萧剑气漫漫路，熠熠将星夜夜辉”！

彭雪枫，河南镇平人，1926年加入中国共产党，是中国工农红军和新四军杰出指挥员、军事家。他智勇双全，率军南征北战，所指挥的部队屡为前锋，战功卓著，参加过第三、四、五次反围剿，二万五千里长征，组织过土成岭战役，两次率军攻占娄山关，直取遵义城，横渡金沙江，飞越大渡河，进军天全城，通过大草原。成为红军时代闻名全军的青年将领。

抗日战争中，彭雪枫初任中共河南省委军事部长、八路军参谋处少将处长、新四军游击支队司令员兼政委，后任新四军第四师师长兼政委。他为民赴汤，经略长淮，率373名壮士出征，带出3万正规军，12万地方抗日武装，创建了豫皖苏和淮北抗日根据地。

“逐鹿中原飞骏马，鸡鸣拂晓响黄钟，文工歌舞壮军旅，皓月晨光照雪枫。”这首诗里面描写的是彭雪枫抗战中的三件宝：拂晓报、拂晓剧团和骑兵团。

《拂晓报》是在彭雪枫的倡议下，于1938年在豫南确山县竹沟镇

◎彭雪枫（1907~1944），河南镇平人。中国工农红军和新四军杰出指挥员、军事家

创刊，是新四军游击支队的机关报。《拂晓报》创刊后，为了加强对报纸的领导，成立了党报委员会，彭雪枫亲任主任。从此，《拂晓报》在彭雪枫的培育和领导下，以战斗的姿态展现在全体指战员面前。彭雪枫非常重视《拂晓报》，他认为一支笔胜过2000支毛瑟枪。《拂晓报》作为党的一支铁军，其威力赛过千军万马。彭雪枫自誉是《拂晓报》的“名誉社长”。他无论是在艰苦的行军路上，或是在硝烟弥漫的战场，都亲自为《拂晓报》撰写社论、评论文章。

《拂晓报》不仅在豫皖苏受到欢迎，还远邮延安、华北、重庆、西安等地，引起社会的关注，曾受到中共中央毛泽东、刘少奇、张闻天、陈云等领导同志的赞扬和题词鼓励。《拂晓报》甚至还漂洋过海流传到纽约、莫斯科及东南亚等国，并作为敌后抗战的优秀报纸，在法国举行的“万国新闻报纸博览会”上展出。《拂晓报》所创造出的奇迹，是集体心血的结晶，也是彭雪枫心血的结晶。

拂晓剧团作为《拂晓报》的“孪生姊妹”是由彭雪枫精心培育起来的。拂晓剧团组建于1938年10月。随着游击支队的深入敌后，它以舞台为战场，战斗在豫皖苏边区，成为活跃在华中抗日战场上的一支文艺轻骑兵。人们热情称赞拂晓剧团是华中战地艺苑里的一支奇葩，是彭雪枫挚爱的又一“宝”。

彭雪枫曾说过：“文化斗争并不比军事斗争或政治的斗争次要。相反的，文化运动总在革命斗争中起着先导作用。革命运动首先反映出来的是文化运动，文化运动先做了革命实践的思想上的准备，而后又直接指导着革命实践。除开那些单纯军事观点的人，我们共产党是没有不重视文化工作的。”他是这样说的，也是这样做的，他对拂晓剧团的高度重视，也正是以这种深刻的认识为基础的。

骑兵团是彭雪枫的第三“宝”。遵照华中局和军部的指示，新四军四师于 1941 年 7 月底在淮宝县仁和集召开了四师军政委员会扩大会议。会议在研究整编部队问题时，彭雪枫提出了组建骑兵团的建议。这是他久经思考、深思熟虑的想法。

在津浦路西，新四军四师之所以失利受挫，一个重要原因，就是没有有效地对付敌军骑兵。论作战勇敢，敌军骑兵不如我；讲行军速度，我不如敌军骑兵，所以多次战斗四师常常陷入被动局面。现在到了津浦路东，组建骑兵部队，就是接受过去的教训，在平原地带，面对配有快速骑兵部队的敌人采取的针对性措施。彭雪枫建立四师骑兵团的建议，得到了邓子恢等与会同志的一致赞同。没过几天，1941 年 8 月 1 日，四师骑兵团成立大会便在淮宝县岔河镇胜利召开。张震参谋长到会宣布了骑兵团的正式成立，并任命黎同新为首任团长兼政委。

1942 年初夏，淮北平原一片金黄，老百姓盼望着有个大丰收。一天，骑兵团领导听到消息，说是屏山、黑塔据点里的 300 多日伪军在水牛刘家抢粮，便果断地命令三大队迂回过去切断敌人的退路，一大队向日伪直扑过去，抢占村子，将日伪军逼进开阔地，展开猛攻。三大队的战士们催马飞驰，舞刀猛劈，很快冲乱了日伪军的队形，然后尽情地砍杀起来。不到半小时，300 多日伪军便倒在开阔地里，剩下的只好乖乖地举手投降。粮食又回到了群众手中。

骑兵团整训后首战告捷，此时正在师部开政工会议的彭雪枫听了极为高兴，参加政工会的同志也纷纷表示祝贺。彭雪枫趁此机会号召各单位支持骑兵团的工作，并首先将自己心爱的坐骑——青白马送给了骑兵团。

自此以后，彭雪枫每隔十天半月，不是把骑兵团调到师部去会操，就是自己一清早就骑着马到骑兵团的操场来。他对骑兵团的培育倾注了大量的心血。骑兵团指战员也没有辜负彭雪枫对他们的期望，在淮北战场上取得了一连串的胜利，打出了骑兵团的威风。正如淮北群众说的："骑兵团跑起来像条龙，遇到日寇只要尾巴一卷，日本鬼子就丧命了！"

1942 年至 1943 年，彭雪枫与邓子恢、张震、吴芝圃等人领导新四军 4 师在洪泽湖地区坚持敌后抗日战争，纵横驰骋，浴血奋战，取得了著名的 33 天反"扫荡"斗争的胜利。1944 年，日军发动中原战役，大举向河南腹地进攻，攻陷了郑州、洛阳、许昌、郾城等 38 座城池，中共中央决定向河南敌后进军，收复失地，彭雪枫奉命西征。1938 年至 1944 年，彭雪枫麾下的新四军第四师进行了大小战斗 3760 次，累计歼敌 4 万 8 千余人，取得了敌我伤亡比例 5∶1 的辉煌胜利。

1944 年 9 月 11 日，在河南夏邑东八里庄围歼国民党顽固派李光明的战斗中，彭雪枫亲自指挥战斗。正当战斗胜利结束时，他不幸被流弹击中，英勇殉国，时年 37 岁。他是抗战中牺牲的新四军最高将领。

噩耗传来，举国悲痛。1945 年 2 月 7 日，中共中央在延安、中共淮北区党委在洪泽湖边大王庄，分别为彭雪枫将军隆重举行追悼大会。中共中央的挽联是：

为民族为群众二十年奋斗出生入死功垂祖国，

打日本打汉奸千百万同胞自由平等泽被长淮。

◎彭雪枫将军雕像

毛泽东、朱德、彭德怀、陈毅的共同挽联是：

二十年艰难事业，即将彻底完成，忍看功绩辉煌，英名永在，一世忠贞，是共产党人好榜样；

千万里山河破碎，正待从头收拾，孰料血花飞溅，为国牺牲，满腔悲愤，为中华民族悼英雄。

1989 年 11 月，彭雪枫被中央军委确认为我军 36 位军事家之一。2009 年 9 月，彭雪枫被评为“100 位为新中国作出突出贡献的英雄模范人物”之一。

英年早逝的罗炳辉

电影《从奴隶到将军》曾经教育和鼓舞了一代人，剧中主人公的原型就是中国工农红军和新四军高级将领、军事家罗炳辉。

◎罗炳辉（1897~1946），是一位从农奴出身的普通士兵成长为统率千军万马、屡建战功的杰出军事家，是共和国早早陨落的将星，是建国后中央军委认定的解放军36个军事家之一

罗炳辉1897年出生在云南彝良一个汉族贫苦家庭，过着牛马不如的农奴生活。他从小具有反抗个性，12岁就状告地霸打官司。后来，他萌生“当兵报仇”志向，两次离家出走，历尽艰辛在昆明当上滇军炮兵。此时，正值讨袁护国战争期间，他在军中苦练过硬本领，成为优秀的“神炮手”。

罗炳辉拥有非凡的胆略和气魄。在他一生中，有不少力挽狂澜、化险为夷的惊人之举。在一次战斗中，为阻追敌过桥，罗炳辉瞄准单列上桥的敌人，一梭子打中三个半（三死一重伤），敌军畏而止步，保护了部队的安全。二次北伐中，为了传递军事情报，罗炳辉日夜急行190里。在汇报完情报后，他便昏死了过去。正是借助这份及时的情报，滇军才避免了全军覆没的危险。罗炳辉由此获得了“智勇救滇军”、“孤胆英雄”的美名。

1929年7月，罗炳辉秘密加入中国共产党。同年11月，在江西吉安，罗炳辉领导靖卫大队士兵起义，参加中国工农红军。由于他作战勇敢，半年内，即升任红六军第二纵队纵队长、红十二军代军长、军长。1933年秋，罗炳辉担任红九军军团军团长，成为中央革命根据地的主要军事指挥之一。

长征途中，罗炳辉屡担重任，掩护中央机关和红军主力北上，表现出高超的指挥艺术。中央军委赞誉红九军团为“战略轻骑”。后来，美国著名记者斯诺的夫人尼姆·韦尔斯在延安听到他的传奇故事后，称他是“神行太保”，并感叹地写道：“罗炳辉是一个真正的中国人！是一个智勇兼全的人物!”

抗日战争初期，罗炳辉曾以八路军副参谋长名义，在八路军武汉办事处从事统一战线工作。1939年，罗炳辉出任新四军第一支队副司令员、第五支队司令员。1939年秋末，他带领队伍开辟了皖东抗日根据地。第一仗，他就在来安城烧死了上千的日伪军，从此在淮南扎下大营。据“枪炮大王”吴运铎回忆，当时根据地老百姓都亲切地称罗炳辉为“我们的罗司令”，甚至有人坚持认为他是天神下凡。

皖南事变后，罗炳辉出任新四军第二师副师长。1941年3月起的一年多时间里，他与师长张云逸一道，多次粉碎了敌人的“扫荡”，巩固和扩大了淮南抗日根据地。1942年下半年，罗炳辉任二师师长兼淮南军区司令员。日本华中派遣军总司令冈村宁茨组织日伪军一万多兵力向津浦路西大举进攻，同时向路东大“扫荡”，罗炳辉在敌强我弱的情况下，每役必写战斗日记，总结敌人的优点和我军的缺点，采用“梅花点式纠缠战术”与敌周旋，大量歼敌，粉碎了冈村宁茨的“扫荡”计划。

抗日战争后期，罗炳辉出任新四军第二副军长兼山东军区副司令员。常年的频繁征战和极度劳累，使罗炳辉积劳成疾，患上了严重的胃病和高血压。1943至1945年间，他曾几次晕倒，但依然坚持带病工作。

1945年冬，罗炳辉到山东军区军部时，医生们一致认为罗炳辉必须离职治疗休息。毛泽东也特地写信给他，劝他休养一段时间：“你

身体有病，望多休息。留得青山，是很要紧的。”尽管如此，罗炳辉仅休息了一个月就又返回了前线。

1946 年 6 月，国民党悍然撕毁停战协定，大举入侵解放区。军情紧急，罗炳辉对妻子说：“我跟国民党打了几十年仗，这次再去把他们打败赶走，我再回来好好治病。”6 月 5 日晚，妻子和孩子们依依不舍地送他上前线，盼着他能早日凯旋。

然而，谁也没有想到，这会是他们全家最后的诀别。十几天后，前方传来消息：罗炳辉同志不幸因病逝世，时年 49 岁。

罗炳辉生前曾多次讲过：“人生最快慰的是真正勇敢地牺牲个人一切利益，最热忱努力地为民族独立、自由解放而斗争，尤其是要为劳动大众的解放和利益，以真理、正义、公道为人类的幸福而斗争。”他是这样说的，也是这样做的。

罗炳辉病逝后，新四军军长陈毅怀着对战友的深厚感情，写下了《罗炳辉将军追忆词》，来追忆罗炳辉奋斗的一生：

◎罗炳辉将军雕像

戎马三十载，将军滇之雄。反袁到北伐，起义赣江红。抗日君迈进，饮马江南北。

苏鲁驰劲旅，日伪告溃灭。六载苦纠缠，疾病多磨折。革命不自惜，一朝痛永诀。

1989年11月29日，罗炳辉被中央军委确定为全国36位无产阶级军事家之一，是云南籍军人中唯一被中央军委授予军事家称号的将军。1997年7月18日，在罗炳辉诞辰100周年前夕，中共中央总书记，中华人民共和国主席、中央军委主席江泽民为罗炳辉题词“人民功臣罗炳辉将军”。2011年9月，新中国诞辰60周年之际，罗炳辉被评为“100位为新中国作出突出贡献的英雄模范人物”。

袁国平：“最后一颗子弹留给自己”

20世纪上半叶的中国风云激荡，无数仁人志士为争取民族独立和人民解放而抛头颅、洒热血，树立了一座座巍峨的英雄丰碑。袁国平就是其中一位杰出代表。

袁国平早年就投入救国救民的革命洪流之中。1906年5月26日，他出生于湖南省邵东县袁家台村一个贫苦的手艺人家庭。1922年，袁国平考入湖南省立第一师范学校。受徐特立、田汉等进步教师的影响，他积极参加爱国进步的学生运动，被推举为湖南省学联执行委员。1925年10月，袁国平考入黄埔军校第4期政治科，同年底加入中国共产党。他积极参加“青年军人联合会”的活动，同国民党右派进行针锋相对的斗争。1926年，他参加北伐战争，任国民革命军第四军左翼宣传队第四队队长，第十一军政治部宣传科长，亲历了汀泗桥、贺胜

◎袁国平（1906年~1941年），湖南宝庆（今邵东）人。新四军政治部主任

桥和攻克武昌城战役，以及讨伐夏斗寅叛乱的战斗。

土地革命战争时期，袁国平同志为红军的发展壮大作出突出贡献。1927年大革命失败后，他先后参加了著名的南昌起义和广州起义。广州起义失败后，他积极参与组织将起义军余部整编为工农革命军第四师，继续坚持武装斗争。此后，他在毛泽东、朱德、周恩来、彭德怀同志直接领导下转战中央革命根据地。

1938年3月，袁国平担任中共中央东南分局委员、中央军委新四军分会委员、新四军政治部主任，是新四军领导成员之一。他协助军长叶挺、副军长项英，高擎我党我军抗日救国的旗帜，组织部队向苏南、皖中、皖东敌后挺进，开展大江南北游击战争，创建敌后抗日根据地，广泛开展统一战线工作，团结各阶层爱国人士共同抗日。他协助项英负责部队政治工作，是新四军政治工作的重要开拓者和领导人。

1941年1月14日，袁国平在皖南事变突围时身中四弹，卫士连的战士轮流背着他继续突围。1月15日凌晨，突围部队到达江边章家渡，国民党军紧追不舍，袁国平再次要求战士丢下自己未果，便悄悄地从口袋里掏出手枪，对准自己的太阳穴扣动了扳机。

这意外的情况把大家震惊了，战士们还清楚地记得，就在几天前面对国民党顽固派的重兵围剿，袁国平对部队作了战斗动员："皖南的新四军就像池塘里的龙，无用武之地。出去就活了，龙入大海，威震四方，将使敌人丢魂丧胆。现在国民党顽固派对我们进行袭击，给我们造成了困难，我们一定要冲出去，最后胜利一定属于我们。因为我们是中国共产党领导的'铁的新四军'。如果我们有 100 发子弹，要用 99 发射向敌人，最后一发留给自己，决不当俘虏!"

袁国平牺牲时年仅 35 岁，其遗骸于 1955 年 6 月 19 日移葬在南京雨花台烈士陵园。

毛泽东曾对袁国平作过高度评价，把他誉为"我军著名的宣传鼓动家"，并于 1938 年 3 月 18 日，致电项英，称他"政治开展、经验亦多"。周恩来说，袁国平"牺牲很英勇，是政治工作的专家，对我们军队建设贡献很大"。刘伯承说，他是"我军有名的政治工作领导者和红军的理论家，既有远见卓识又能身体力行"。陈毅说，"他是才子，才华横溢"……

周子昆：戎马一生为革命

周子昆（1901～1941），广西桂林人。原名周维宽，字仲和。1920 年参加桂军，1925 年夏转入孙中山大元帅府铁甲车队。同年 10 月，周子昆加入中国共产党，随后参加北伐战争。1927 年，已经担任营长一职的周子昆参加了著名的南昌起义，后随朱德、陈毅转战闽粤湘赣边地区。1934 年年初，周子昆参加湘南起义，4 月随部队抵达井冈山。在中国工农红军中，周子昆曾历任团长、师长、军参谋长、第三军军长、第五军团参谋长，参加过中央苏区的历次反"围剿"，并于 1928 年 10 月，随红军开始两万五千里长征。抵达陕北后，周子昆出任中央革命军事委员会第一局局长。1937 年，周子昆出任抗日军政大学训练部部长。

◎周子昆(1901年~1941年)，原名周维宽，字仲和。广西桂林市人。周子昆是中国工农红军和新四军高级指挥员

1938年1月，周子昆任新四军副参谋长。因参谋长张云逸在江北指挥部工作，他实际上负责新四军司令部的全盘工作。同年6月，周子昆主持召开了新四军第一次参谋工作会议，为提高参谋业务水平，加强司令部建设，起了很大的作用。7月，周子昆兼任新四军教导总队总队长，亲自编写教材，讲授军事课，组织实战演习，为部队输送了一批批训练有素的干部，加强了大江南北的抗日力量。1939年3月，周子昆又主持了新四军第二次参谋工作会议，对新四军成立一年来的参谋工作与今后任务作了总结报告。会议还制定了《参谋工作条例》、《军事工作条例》，对新四军的参谋工作建设和军事建设都起到了重要作用。

1940年春，日军万余人对皖南进行空前规模的大“扫荡”。国民党守军5个师全线撤逃。周子昆根据新四军首长指示，部署第一团、第三团、第五团分头迎击日军，相继取得三里店、汀潭镇、泾县城等战斗的胜利，歼灭日寇1000余人，粉碎了日军对皖南的大“扫荡”。

皖南事件爆发后，周子昆协助叶挺指挥部队浴血奋战。在突围前，周子昆动员部队说：“我们是革命之师，正义之师，宁可战斗死，决

◎皖南事变纪念碑

不跪着生。”突围后，他与项英一起隐蔽于泾县茂林山区。3 月 13 日凌晨，在泾县南部蜜蜂桶山（亦称赤坑山）蜜蜂洞，周子昆与项英同时被叛徒杀害。他的遗骸于 1955 年 6 月 19 日移葬南京雨花台烈士陵园。

苏南抗日名将——罗忠毅

1941 年的一天，新四军第六师师长谭震林在苏北军部接到苏南茅山发来的电报。他不相信自己看到的内容是真的，随即抓着电报，冲进军部译电室，脸色十分吓人。

谭震林把电报“啪”的一声拍在桌面上，大喊道：“你们是不是把电报译错了？再给我译一遍!”译电员一见是谭震林，个个吓地一声不响。他们早就从老机要员那里听说谭震林是个脾气大的首长，今天他们真正遇上了，个个心里又委屈又紧张，又将电文翻译了一遍。电文还是一样：

一九四一年十一月二十八日，十六旅在塘马与日军清乡

◎罗忠毅，抗日名将，1907年生于湖北襄阳。抗战爆发后，历任新四军二支队参谋长，新四军六师参谋长兼第十六旅旅长

部队相遇，激战一日，旅部、教导大队和地方机关一千多人突围。第六师参谋长兼十六旅旅长罗忠毅和十六旅政委廖海涛在掩护部队突围时，壮烈牺牲。

谭震林看完电报，愣愣地站在那里，半晌说不出话来。噩耗被证实，他难过得痛不欲生。

罗忠毅，1907年出生，湖北省襄阳人。他早年曾参加进步学生运动，1927年加入冯玉祥部当兵。1931年，罗忠毅随国民党第二十六路军到江西剿共，并于同年12月参加了宁都起义，编入中国工农红军第五军团。他作战勇敢，屡立战功，从班长升为排长、连长、营长，后到瑞金红军学校学习，并于1932年加入中国共产党，参加了中央苏区第四、第五次反围剿战斗。1934年10月中央红军长征后，他留在南方，坚持极其艰苦的三年游击战争。抗日战争爆发后，根据党的指示，罗忠毅率领部队走出山林，到江西改编为新四军，任新四军第二支队参谋长、新四军江南指挥部参谋长，率部在苏南抗日。1941年皖南事变后，他被任命为新四军第六师参谋长兼第十六旅旅长。

自从敌人开展“清乡”行动以来，罗忠毅和旅政委廖海涛带领第十六旅旅部机关和教导大队以及地方政府的上千人，由四十八团四连、六连担任警戒任务。他们每天都在同敌人转圈子，没有睡过一天安稳觉，最多的一天晚上移动了三个地方，搞得大家十分疲惫。一个月下来，指战员们筋疲力尽，人人都瘦得变了样子。这一天，他们来到了茅山的塘马，这里是丘陵山区，比较偏僻。罗忠毅觉得这里回旋余地大，即使和敌人遭遇也能应付敌人，就决定马上派出警戒，封锁消息，让部队在塘马做短暂地休整。

三天后，罗忠毅和廖海涛商量，早饭后集合部队向东转移，廖海涛同四十八团一起行动。山脚下塘马河水在静静地流着，河滩上、山峦间及附近的村庄都十分安静，丝毫没有大战的征兆。突然几声枪响，打破了塘马的安静。警戒部队的哨兵在村西头的树杈上发现西边山包上有鬼子的队伍。他数不清有多少人，便对着前边的鬼子打出三枪，鸣枪报警，有两个鬼子倒在他的枪下。

政委廖海涛刚走到四十八团，听见枪声，马上带上四连、六连的200多名战士，向枪响的地方跑去。廖海涛手提驳壳枪带战士们跑到村西的乱坟岗，利用坟墓作掩体，准备阻击日寇。

这时，日军的大队人马已经占领了西边的山冈。罗忠毅、廖海涛担心的事情发生了，他们陷入了日寇的包围之中。随即，两人指挥部队同下山的鬼子交上了火。旅部教导大队也在村南面与日寇的骑兵连交上了手。罗忠毅先是命令教导大队要把日本骑兵连彻底消灭，然后冒着激烈的炮火，跑到村西的乱坟岗找到了正在指挥作战的廖海涛。

廖海涛正抱着机枪，代替牺牲的机枪手冲着阵地前的日军扫射。见旅长罗忠毅来找他，便把机枪交给四连连长，转身对罗忠毅说：“老罗，敌人是有准备而来，我估计至少有3000人。我们不能在这里同敌人硬拼，得想办法赶快突围呀。”

廖海涛又对罗忠毅说：“我在这里掩护，你马上组织部队突围。”

罗忠毅了解廖海涛的脾气，他说要留下来掩护部队突围，你和他争也没有用，如果你和他争，他是会发火骂人的。

罗忠毅在村口召开紧急会议。和平常一样，他在紧急关头镇定自若，不急不躁。为了稳定军心，他在会上说："同志们要保持稳定，不要慌乱，我和廖政委指挥警戒部队掩护大家突围，大家要放心地向东走"。山上的日军发觉了十六旅的突围意图后，用更加猛烈的炮火阻止部队的突围行动。主力部队在警戒部队的掩护下，相继冲出了敌人的包围圈。

罗忠毅想到主力虽然突围，但是离敌人太近，部队仍然没有脱离危险，掩护部队阻击日寇时间越长，他们越安全。因此他没有跟在部队后面突围，而是留下来指挥警戒部队阻击日军。廖海涛见罗忠毅没有突围，大声埋怨他为什么不走，这里有我就行了，你留下来干什么？

罗忠毅回答说："你不走，我也不走，我们在这里多坚持一分钟，突围部队就多一分安全。"廖海涛提醒他说："你不仅是十六旅长，还是六师的参谋长，你的责任重大呀。"但现在说什么也是多余的话。之后，廖海涛在西面指挥战斗，罗忠毅到东边去指挥阻击战斗。他们两人一个在东，一个在西，与日寇激烈战斗了 4 个小时，为突围部队的安全争取了宝贵的时间。

阻击战斗进行到中午时，罗忠毅身边只剩下六七名战士，阵地前到处是鬼子的尸体，横七竖八地躺在地上。罗忠毅为此感到自豪。自己的战士以少制多，硬是没让日寇从阵地上跨过。随着几声追击炮弹炸响，日军又一次进攻开始了。罗忠毅指挥剩下的几名战士，分散开来，继续阻击进攻的敌人。

突然，一颗子弹飞来，正好击中罗忠毅的头部，警卫员慌忙扑过去，抱住旅长。只见罗忠毅头部鲜血直流，无论警卫员怎样大声呼唤，年仅 34 岁的旅长再也没有睁开他的眼睛。

廖海涛在村西乱坟岗听到旅长牺牲的消息后，眼泪直流。他嘶哑着嗓子高喊“为旅长报仇”、“同志们冲啊”，带头跃出阵地，边冲锋边向村东靠拢，与坚持在村东的战士会合。他要再看一眼他的亲密战友。下午2时，廖海涛组织阻击部队突围，他舍不得丢下罗忠毅的遗体，下令警卫员轮流将旅长背出包围圈。一路上大家不停地收集牺牲战士和日寇遗留的武器，边撤退边打击追敌。廖海涛左肩挎一顶机枪，右肩背着三支步枪，左手提着驳壳枪，右手提着一颗手榴弹。战士们和他一样，人人都身背好几件武器。

在突破敌人最后一道封锁线时，廖海涛腹部中了一枪，他向前踉跄了几步，扑倒在地，沉重的武器压在他的身上。四十八团二营营长黄三弟从后面冲上来，抱住了身负重伤的政委廖海涛。廖海涛用手捂住肚子，鲜血和肠子从腹部涌出肚外，吃力地对二营长交代说：“部队由你指挥，千万不要忘记，这是党交给你的任务，一定要把旅部带出去，到溧水与四十六团会师。”话一说完，廖海涛就昏迷过去了。二营长指挥战士用担架把他抬到一户老乡家中隐蔽，准备等突围后，再带军医来治疗。但是廖海涛终因伤势重，失血过多，于两天后牺牲。

◎新四军向丹阳、芜湖地区挺进，解放了广大农村地区

罗忠毅、廖海涛牺牲后，新四军军部通电全军沉痛悼念：“罗廖两同志，为我党我军之优秀老干部，为党为革命奋斗十余年，忠实、坚定、勇敢、负责，艰苦缔造苏南根据地功绩卓著。罗廖两同志壮烈牺牲，全军一致追悼，昭彰先烈。”

2009 年 9 月 14 日，在中央宣传部、中央组织部、解放军总政治部等 11 个部门联合组织的“100 位为新中国成立作出突出贡献的英雄模范人物和 100 位新中国成立以来感动中国人物”评选活动中，罗忠毅被评为“100 位为新中国成立作出突出贡献的英雄模范人物”之一。

经得起考验的革命家——罗化成

1962 年秋，一个名叫罗阳志的女子前往江苏溧阳竹箦桥收殓其父的遗骨，当地老乡央求道：“请留一半给我们纪念，让我们子孙后代不忘罗主任的功绩！”

对于这个罗主任，陈毅给出的评价是：“他是最实际的救国人才，是抗战建国中值得全国人民效法的人物，是久经考验的老党员……”

罗主任是谁？他到底什么样的人？

罗主任是新四军二支队政治部主任。事情得从 1934 年 10 月说起。由于王明“左”倾路线的危害，导致第五次反“围剿”失败，主力红军长征后，罗化成留下来坚持斗争。

为摆脱国民党军，罗化成与毛泽覃率领一部分队伍掩护主力向东突围。完成掩护任务后，又遭到国民党军队的伏击，队伍被冲散，罗化成与队伍失去了联系。他走到了于都境内时，因人地生疏，误入敌兵驻守的地方，不幸被捕，关在瑞金国民党监狱。

在狱中，他巧遇宁化保卫局长梁国斌。他俩在国民党军将其押解

◎罗化成（1895~1940），福建长汀县人。红军历任中共长汀特支书记、红12军5纵政委、福建军区后方留守处主任等职。抗战时期，任新四军二支队军医处处长，二支队政治部主任等职

回长汀的途中，趁机逃出了虎口。就在此时，国民党反动军队对中央革命根据地发动了更加残酷的“清剿”。党组织决定将罗化成、梁国斌两人立即转移，到香港通过中央苏区国家保卫局局长邓发的胞兄邓芳，与党组织取得联系。

在香港，罗化成化名为邓坤，梁国斌化名为邓耀南，用自己的双手劳动来解决生活困难。两人自己动手在七姐妹山下搭起了小木房，旁边砌起一排猪舍，开荒种菜。邓芳给罗化成介绍了一位姑娘，名叫郑惠群，劝他就在此地建立家庭。罗化成与梁国斌商量，认为邓芳的建议有道理，一方面可以共同劳动，安排好生活；另一方面也可以起掩护作用，早日和香港党组织接上关系。婚后，罗化成夫妻俩与梁国斌三人组成亲如兄嫂的家庭，开始了含辛茹苦的新生活。

1936年秋，经邓芳介绍，罗化成认识了工人老党员马如堂，油麻地小学教员阿欧和廖然。他们5人成立了九龙临时党小组。在党小组的领导下，他们经常利用九龙酒家进行秘密活动，宣传抗日救国和民族统一战线的方针、政策。

七七事变爆发后，罗化成、梁国斌向中共南方局请求回国抗日。

1937年8月，中共南方局派罗化成、梁国斌回到闽西南与张鼎丞、邓子恢、谭震林一起参加抗日救亡工作。

罗化成将要接受任务离开香港，离开分娩才三天的郑惠群，骨肉相离使罗化成百感交集。他想：如果把妻子一起带回去，势必难以通过敌人的盘查，容易误了大事；如果把她娘俩留在香港，弱女婴儿依靠谁人，真是于心难忍呀！可是，国家兴亡，匹夫有责，革命利益高于一切。想到这，罗化成便毫不犹豫地对妻子说："阿群，我去送梁国斌上船。"就这样罗化成瞒着妻子，抛妻别女踏上了抗日的征途。

1937年，闽西人民抗日义勇军奉命改编为国民革命军新编第四军二支队，罗化成出任新四军二支队政治部副主任。不久，罗化成随二支队开赴苏南抗日前线，进入苏南敌后。

初到江南，习惯了闽西山区打游击的将士们一时难以适应江南水网和平原作战的环境。这里没有可作隐蔽的屏障，没有闽西山区的游击战好打。为此，罗化成总是身先士卒，身体力行，以自己的模范行为影响教育战士。他经常与战士一起参加游泳训练，在沟里河川摸爬滚打，以适应江南水乡的环境。他经常深入连队，与战士们共吃一锅饭，同睡一张床。

有一次，部队驻在皖南岜塘村，作战科的王培臣突患严重的痢疾。罗化成亲自跑步到5里外的廷街上买来药和针，亲手为他医治并通宵达旦守护在他身边，直到脱险才离去。

在行军中，如发现有战士生病，罗化成总是将马让给生病的战士骑。他对马夫说："我们是阶级兄弟，兄弟就该亲如手足、不分彼此，才能适应艰苦的环境，消灭敌人打胜仗！"

在太平县山口镇的新四军医院里，半年之内因医疗事故而死亡的伤员有50多人。这一情况引起罗化成的警惕。他利用自己所学的医学知识和敏锐的分析判断能力，明察暗访，调查研究，顺藤摸瓜，终于抓获了隐藏在军医处的国民党特务"兰罗王"，查清了此人用日本毒针毒杀新四军伤员的事实真相。惩处了“兰罗王”以后，新四军医院的医疗安全得到了保证。

1939 年秋，罗化成升任新四军二支队政治部主任。他继续保持着身先士卒的作风，经常亲临战场督战，指导二支队在安徽省于位圩一带开展抗日宣传工作，动员当地群众抗日。

11 月中旬，在一次打击日寇偷袭二支队九连事件中，罗化成面对摩拳擦掌的战士们微笑着说：“仗是一定要打的，敌人也一定要消灭的，可是怎么打法？要请大家先出出主意。”战士们冷静下来后，罗化成认真地听取了战士们的发言，一起分析了地形和日军兵力分布状况，研究出具体作战方案。先派精悍的小部队拔掉了两个敌哨兵，接着罗化成亲自带领部队扫除平湖边日本鬼子小队，让连指导员和参谋长率领连队主力对付和平军。通过 3 个小时的激战，击毙敌人 60 余名，俘敌 100 多人。这一仗，推动了当涂、芜湖地区抗日战争的胜利进程。

长期处在艰苦复杂的战争环境，导致铁骨铮铮的罗化成积劳成疾，心脏病经常复发。但他仍坚持抗战第一线，不顾病重，夜以继日地驰骋沙场，抗击日寇。

一天，江南指挥部司令员陈毅来到罗化成所在的部队视察，看见罗化成虚弱的身子，熬红的双眼，凸出的颧骨，关切地劝他到后方休息疗养。罗化成说什么也不肯接受陈毅的深情好意，婉言谢绝了，要继续留在前线抗敌。陈毅亲切地赠古词：“留得五湖明月在，何愁无处下金钩。”罗化成对陈毅的真诚劝慰深表谢意，但仍恳求说：“我不能搞特殊，目前抗战正是关键时刻，斗争需要我，不正是下金钩的时候？”就这样，罗化成带病一直在抗日前线和战友们一起抗击日寇。

1940 年 2 月 27 日，罗化成在大雪中督战导致心脏病复发，病情恶化，经抢救无效，停止了呼吸，时年 45 岁。

第五章

亲历与回忆

抗战的八年中，新四军的处境十分险恶。他们不但要抗击武装精良、骄横残暴的日本鬼子和认贼作父、助纣为虐的伪军，还要对付国民党顽固派军队的“摩擦”进攻。而新四军的活动区域既是日伪军的统治中心，又是国民党经营多年的战略要地。这里日伪据点林立，河网交错，交通便利，没有大山依托，敌我力量悬殊。斗争是极其艰苦、尖锐和复杂的。

为了赢得抗战的胜利，新四军无数将士做出很大的牺牲。这个“很大的牺牲”，若没有亲历者的讲述，生长于和平年代的我们根本无法想象。革命胜利后，很多新四军的老将军、老战士、国际友人通过撰写文章的方式回顾了他们当年的经历与见闻，用生动形象的故事讲述了新四军当年面临着什么样的艰难险阻，他们又是如何用坚强意志战胜了这些困难。这些经历与回忆以丰厚的史料和深刻的思想内涵构筑了中国革命战争文化的浩瀚宝库，为我们了解那段历史提供了弥足珍贵的资料，为进行爱国主义和革命英雄主义教育提供了极好的教材。

亲历者“有责任”把“吃苦在前、不怕牺牲”的精神传给下一代。我们作为“下N代”则更有责任阅读他们的回忆录，掌握这段历史，不忘新四军的本色，将新四军的优良传统发扬光大，并让它传承给我们的下一代。

粟裕：坚持武装斗争,坚持原地斗争

粟裕，时任新四军第一师师长兼政治委员、苏中军区司令员兼政治委员。

1955 年，粟裕被授予大将军衔。

◎粟裕大将

1941 年 12 月 8 日，太平洋战争爆发，以苏、英、美、中为首的世界反法西斯阵营终于从组织上形成。世界形势的这一变化，对中国抗战是十分有利的。但是，中国敌后战场仍然处于最艰苦最困难的时期。苏中最困难的时期比全国还要长一些，这是因为日本侵略军为支持其太平洋战争，更加紧了对大江南北的控制与掠夺，而国民党蒋介石又加紧了反共行动。于是苏中敌后日、伪、顽、我之间的矛盾出现了一些变化。伪军唯恐被驱使到南洋当炮灰，普遍离心，寻找后路；日本侵略军加强对伪军的控制和改编，国民党蒋介石也加紧对伪军的拉拢利用。由此引起了日伪、日顽之间矛盾激化。国民党增派力量重返苏中，建立反共基点，顽固派和我方之间的矛盾也再度激化了。但是，日我之间的矛盾仍然是主要的矛盾，我们要准备对付日寇更凶狠、更残暴、更毒辣的进攻。

党中央于太平洋战争爆发后就时局的估计、今后的方针任务，对全党、全军、各敌后根据地颁发了一系列重要指示，后来概括称为

"十大政策"。华中局于1942年春召开了扩大会议，根据中央指示：结合华中情况，制定了"继续坚持华中敌后抗战，完全巩固各根据地，加强与聚集力量，以便在适当时机反攻敌人，争取中国抗战的最后胜利与中国人民的彻底解放"的总方针、总任务，并且提出了加强对敌斗争，加强军事建设和根据地建设的具体任务。

1942年4月，我们在海门县的海复镇，召开了苏中军政党委员会第二次扩大会议，传达学习了华中局扩大会议精神，讨论布置了今后斗争和工作任务，提出了："一面巩固，一面发展"的方针，既要坚持原地斗争，粉碎敌人的一切进攻；又要积蓄与加强力量，准备和迎接反攻。

1942年初，敌我争夺重点已由第二分区的三仓向南推移到了第四分区的启（东）海（门）区。为掩护启海区根据地建设，一月间我进击并收复三阳，又乘胜扩大战果，攻击二厂、久隆，两度击退敌人的进攻，前后战斗共达半个月之久。

1942年6月，日寇鉴于对我苏中根据地进行的全面"扫荡"、分区"扫荡"、乘虚跃进、交通政策等都没有收到效果，再次变换方针，吸取华北铁壁合围和苏南"清乡"的经验、开始对我苏中地区进行"清剿"（又称"机动清乡"）。在政治上，对上层士绅采取争取政策，对乡保长则笼络与威胁并用，对我基本群众和抗日军人家属先胁迫其为日寇办事，不从的则格杀勿论。在经济上，设立统制委员会，统制一切物资，加强对我封锁，在一些重要地区实行"三光政策"。在军事上，实行水陆封锁，然后分进合击一点或多路重围一区，并且如梳篦一样，反复进行，搜捕我工作人员，寻歼我地方和主力部队。苏中斗争形势进一步严酷起来。

面对这一形势，我们认真进行了分析，认为敌人的主要战术手段是分进合击、多路合围，这些都需要高度协同。但日本侵略军深入我根据地作战，等于瞎子、聋子，无法准确侦察和判断我们的行动，又受地形、交通方面的限制，以及沿途遭我民兵、游击队的打击，很难达成合击，而且敌调集机动兵力在一个地区“清剿”，势必造成其他地区的空虚，便于我军其他地区游击战争的开展。至于敌人的残暴，只能激起我军民百倍的复仇怒火。我们决心运用灵活机动的战略战术，发挥人民战争的威力，并且加强敌占区、接敌区工作和敌伪军工作，打破敌人的“清剿”。

日寇于6月12日开始对第四分区海门、启东地区进行第一期“清剿”。七月上旬对第三分区靖江、泰兴地区进行第二期“清剿”。九月末十月初对第一分区江都、高邮、宝应地区进行第三期“清剿”。我们指示各分区紧密配合，在敌“清剿”区内以地方武装配合民兵就地坚持，与敌纠缠，不断予以袭扰，捕杀敌特、汉奸。主力部队适时跳到“清剿”区外，进行机动作战，特别是向敌人后方和敌人的弱点进攻。

◎新四军在反“围剿”中歼灭日军缴获的武器及战利品

于是，各分区的攻势作战此伏彼起，互相策应，互相支援，数月中先后进行的较大战斗有石港攻坚战、海门袭击战、如西反击战、二窎歼灭战等。在南通二窎镇南的夏（谢）家渡战斗中，我第三旅第七团一举歼灭日军保田大队长以下110名，迫使“清剿”第四分区之敌仓皇收兵。我第三分区的如西县，在敌伪转移兵力对第一分区进行第三期“清剿”时，发动了万余群众围困西河弯伪军据点，不久又组织2万余群众围困水洞口，1万余群众封锁加力市。我们还实行秘密斗争与公开斗争相结合的方针，开辟和加强了边区、敌占区和敌伪军工作。到11月，敌人的“清剿”即被基本打破了。

综观1942年，日伪军对苏中根据地的“扫荡”，四五百人的小“扫荡”平均每周一次，千人以上的较大“扫荡”平均每半个月一次。从开始反“清剿”的6月到11月中旬，日寇增设据点49处，使苏中区敌伪据点增加到339处，增修公路19条，全长450公里。我苏中根据地又有所缩小，部分游击区变成敌占区，部分中心区变成游击区。但是，全区仍然保持着相对稳定的基本区，保持着相当数量的主力部队，各分区仍然保持着一定范围的中心区和广大的游击区，各县武装坚持在县境内进行斗争。同时边区、敌占区工作和敌伪军工作有了很大开展。经过全面建设，根据地更加巩固、各项工作向深度和广度发展了。

节选自《粟裕战争回忆录》

黄克诚：不搞“抢救”运动

黄克诚，时任新四军第三师师长兼政治委员、苏北军区司令员兼政治委员。

◎黄克诚大将

1955年，黄克诚被授予大将军衔。

1942年1月，中共华中局书记刘少奇奉调回延安党中央工作，在他临离开华中局之前，主持召开了一次华中局扩大会议，各区党委书记和各部队负责人参加了会议。刘少奇作华中局工作总结报告，陈毅作军事建设报告，让我作政治工作报告。

还记得我在那次的报告中，针对当时的具体情况，讲了目前军事建设中的部队政治工作、根据地政治工作、友军政治工作和敌伪军政治工作四个问题。在讲到干部问题时，我特别强调了使用干部和爱护干部两个方面：使用干部应注重德才兼备，注重干部的党性、知识和独立工作能力；对干部要爱护，不仅要关心他们的生活与健康，更重要的是注意从政治上爱护，平时发现干部思想上的不良倾向苗头，要及时进行教育、批评、帮助，不要平时不关心，或者平时看到干部有什么问题当面不说，记在心里，到时候一齐算总账。

在谈到审查干部和锄奸问题时，我强调要区别对待，信证据不轻信口供，宁可错放，不可错杀，注意纠正违反政策、刑逼口供的现象等。后来，华中局把我的这个报告作为“华中我军政治工作的根据”，发表在《真理》1942年第8期上。

刘少奇离开华中后，即由饶漱石代理中共华中局书记。饶漱石不顾全大局，硬是把陈毅从华中排挤走。陈毅走后，饶漱石还召开华中局扩大会议，大谈陈毅如何如何。我曾对这种作法提出不同意见。我说，不论如何，让陈毅军长离开华中，是个很大的损失，这对华中整个工作，对敌斗争，都很不利。

遵照中共中央的指示，于1942年6月，在苏北开展了整风运动。

◎黄克诚（前左一迈步者）等人陪同陈毅（前中敬礼者）等检阅部队

我们正确贯彻执行“惩前毖后，治病救人”和“既要弄清思想，又要团结同志”的方针，采取和风细雨和自我批评的方法，帮助干部提高政治觉悟。通过整风，团结教育了广大干部，调动了大家的革命积极性，党政军民形成了空前团结的局面。

1943年4、5月间，华中局和军部召开会议，布置开展“抢救”运动。会议期间，我向华中局和军部建议，华中不要搞“抢救”运动了，以避免发生逼供信、伤害无辜同志之类的事，要接受中央苏区打“AB团”的教训。但由于“抢救”运动是中央在康生的主持下布置下来的，华中局和军部不能不执行。

从华中局开完会回来之后，我的心情很不平静，久久安稳不下来。想起我们党内历次搞肃反，总是出现扩大化的偏差，有过许多沉痛的教训。眼下大敌当前，开展“抢救”运动，搞不好会给革命事业带来不应有的损失。按我当时的想法，“抢救”运动不应该搞。但是上级有布置，又不能不执行。为了稳妥起见，我先抽调一批干部办训练班，同时在第七旅小范围内试行“抢救失足者”。

我亲自到第七旅去实地考察，掌握动向。第七旅被“抢救”的几个人，开始在软逼的情况下就有点表现不正常，后来被抓起来一审讯，就乱供一气了，简直不着边际。我一见这种情况，就知道不对头了，看来老毛病一下子是改变不了的。

我让第七旅立即停止搞“抢救”，把被“抢救”的人统统释放，做好善后工作。这时，我的心里反而踏实下来，事实证明了搞“抢救”运动这种做法行不通。我的心里有了底，决心也下定。

我从第七旅返回师部（区党委）机关，立即通知苏北各地委和第三师各部队，一律不开展“抢救”运动。如果发现可疑情况，可按照正常工作程序，由主管部门解决处理。在整风运动当中，只搞正面教育，提倡主动反省，不准逼供、诱供。这样，苏北各区和第三师部队在整风中，就没有搞“抢救”运动。以后经过抗日战争和解放战争的考验，证明广大干部确实是好的，没有发现有什么问题。

过了一个时期，华中局召开会议。

会议期间，我同第七师政治委员曾希圣住在一起。我俩是老相识，每次一见面都是无所不谈。可是这次我却发现曾希圣情绪有些不正常，沉闷不乐，很少讲话。我估计他心里可能是有点什么事情，就问他。

开始他不肯说，后来. 我一再问他，他才说，他的爱人可能是个特务。

我问他：“你自己相信不相信？”

他说：“人证、供词都有，不相信有什么办法？”

我问：“是什么人供出来的？”

他说：“是在第二师政治部工作的一个女干部供出的。”原来那个女干部与曾希圣的爱人是在上海的同学，当时她们都很年轻，在“抢救”运动中，那个女干部不仅供认自己是特务，还供出了她的同学。我觉得这件事情不大靠得住，就通过第二师政治委员谭震林，把第二师政治部那个女干部找来，我单独同她谈话，了解详细情况。

开始，我问那个女干部，是如何加入特务组织的？她滔滔不绝地讲了一通，绘声绘色；我又问她都搞了哪些特务活动？她照样又是讲

◎新四军第三师机关干部进行整风学习讨论会

了一大套，神乎其神，我一听就觉得不可信。最后我问她，讲的这些是不是真话？她说是千真万确。我耐心做她的思想工作，打消她的疑虑，对她说，要向组织讲实话，不能有半点虚假，否则，既对革命事业不利，又害了自己和同志。

这时，她突然放声大哭起来，说她以前讲的那些话全是编造的假话。我问她为什么要讲那些假话？她说，起初搞“抢救”时，她讲的是真话，但人家不相信，对她进行“抢救”，大会小会斗争、逼供，被整得实在没有办法，只好瞎说一气，问什么就交待什么，还得说得有鼻子有眼，这样一来，反而受到表扬、欢迎和优待。于是，她就索性胡编乱供起来。

我把谈话的情况告诉了谭震林，对他说，这种“抢救”法真是害死人呀！我问谭，第二师搞出来多少特务？谭说每个团都是数以百计。我说：“哎呀！你一个团里有那么多特务，部队驻地离敌人那么近，你又在审查他们，部队还不乱了套，都跑光了？”谭说，一个人也没跑。我说：“老兄，你快回去给人家平反吧。你那么整人家，人家一个都不跑，哪有这样的特务？”随后，我又向饶漱石谈了我的意见，饶也觉得这样搞法有点问题。我建议对被“抢救”的干部进行甄别平反，饶漱石表示同意。

节选自《黄克诚自述》

叶飞：痛击日军“扫荡”

叶飞，时任新四军第一师第一旅旅长兼政治委员、苏中第三分区地委书记，新四军第一师师长兼苏中军区司令员、苏浙军区副司令员。

1955年，叶飞被授予上将军衔。

◎叶飞上将

1941年3月，苏中军区正式成立，19日，华中局正式划定苏中区范围。分为四个行政区，相应地成立了军区和军分区。新四军第一师兼苏中军区，第一旅兼第三军分区。三分区3月下旬于泰州县雅周庄成立。

刘少奇、陈毅同志在给苏中地区领导人的指示信中说：“过去顽固派集中力量对我进攻，使我不能集中力量抗敌，现在由三角斗争形势转变为对日直接斗争的形势了。反对敌人和汉奸伪化苏北，保卫苏北抗日民主根据地，就成为我军及苏北人民目前唯一的直接任务。”这是“更直接，更严重的抗日任务。”5月，由中原局和东南局合并组成的华中局也指示苏中，要发动群众坚持长期抗战，保卫根据地。

苏中地区的日军是独立第十二混成旅团，是我军与之在苏南、苏中地区交战达四年之久的“老对头”，旅团部驻泰州。伪军有第一集团军李长江部、第二集团军杨仲华部、一方面军任援道部，新老伪军达3

万5千余人。敌伪投入很大力量修筑公路，增设据点，凭借优势的兵力、火力和交通的便利，对我苏中根据地进行频繁的“扫荡”。

1941年4月日军“扫荡”的规模较大，日寇称之为七路“扫荡”。我们拟定了以黄桥为中心，在其四周选择新建据点为攻击目标，歼灭敌人有生力量，来粉碎敌伪“扫荡”的作战计划。敌伪军向顾高庄、古溪、蒋垛、雅周庄一带“扫荡”时，我以地方武装和民兵积极袭扰，与敌纠缠，使“扫荡”进展缓慢，并派三团和独立支队伪装主力，张扬其事地向孤山、老庄头等地发起攻击。这里，我率在两泰地区隐蔽待机的一、二团突然出现在泰（兴）黄（桥）公路上，包围了姚家岱、石梅两个据点。

4月17日，我一团围歼姚家岱之敌：日寇1个中队和200名左右的伪军。此战击毙日军泰兴城防司令以下20余人，生俘日军3名，开创了苏中抗日根据地生俘日军的纪录，而且全歼伪军。二团也顺利全歼伪军200余人。

当我军军部在盐城重建后，日寇就加紧向根据地进行“扫荡”，妄图围歼新四军军部及主力，占领苏中、苏北。那一段时间里，投降危机甚嚣尘上，南京群丑公开宣扬要“完成皖变未竟反共之功”，日寇头目也毫不隐讳地狂妄夸称，要以“闪击战打击陈毅及其重建之军部”。1941年夏季，

◎新四军进军黄桥

◎新四军苏北指挥部指挥陈毅与粟裕到达黄桥时的合影

对苏北盐城、阜宁地区进行了大“扫荡”。

日军独立第十二混成旅团集结于东台、兴化、射阳一带，由旅团长南浦襄吉出任前敌指挥官，指挥日伪军1.7万人，倾巢出犯，兵分四路：东台一路，兴化一路，射阳一路，陈家洋一路。7月20日同时出动，向盐城合击。

开始，敌伪军约有少量增加，由如皋、海安、安丰、富安，李堡等据点出动，“扫荡”我苏中二分区。另外，南通、海门、启东等据点敌伪军以原有兵力出动，“扫荡”我苏中四分区的中心地带。而敌寇惟独在我三分区没有增兵，为什么？很使我踌躇。我估计有两种可能：一是南浦发动对我苏中的全面“扫荡”，由于兵力不足而作罢；二是南浦的目标不是苏中二分区，也不是苏中四分区，而是向北用兵，攻我军部，所以不在南部的三分区“扫荡”。

果然，北犯盐城的敌伪军20日当天就占我盐城，继而进犯上岗、伍佑、刘庄、白驹、南洋岸、阜宁、东沟、益林、湖垛等地。当时正是雨季，河水大涨，日寇汽艇在水网区猖狂活动，非常便利。盐阜地区的我三师部队跳出外围。我军的一些机关，特别是在湖垛周围的后方机关，情况十分紧急。华中鲁艺的一批同志遭受敌寇袭击，著名作家丘东平、戏剧家许晴等同志英勇牺牲。

正当我军与日伪军在阜宁东沟激战之际，龟缩在曹甸、泾口一隅

的国民党顽固派韩德勤，竟然出动部队猖狂地攻我益林阵地，使我军陷于腹背受击的危境。

军部在盐阜区有我军主力第三师的掩护，本来是可以放心的，但从战报上看，军部终究是大机关，不大适应游击环境，转移起来困难较大，我们确实担心，老军部给国民党搞掉了，新军部再受损失怎么行！于是，我们研究，支援军部反“扫荡”最有效的办法是根据军部《粉碎敌人“扫荡”的指示》，发挥主动性，积极行动，相互配合，攻其所必救，也就是古兵法说的：“围魏救赵。”我们一致决定，在三分区主动发起进攻，以配合盐阜区反“扫荡”，调动敌人。当时，我手上只有一、二两个团的兵力，便选择了古溪这个敌伪军中心据点，作为第一个攻击目标。古溪有伪军 1 个团兵力，1000 余人。它靠近黄桥，能触动鬼子，有使它回兵的可能。

我们一面部署战斗，准备晚上 7 时发起攻击；一面报告军部、师部。谁知下午 5 时，师部来了复电，不同意我旅攻击古溪的战斗行动，主要理由是：攻坚不利，易遭受重大伤亡，且未必能攻下据点。曹甸已有前车之覆，这一下使我很为难。根据古溪情况和敌我力量对比，反复权衡，我们是有把握攻取的。

我考虑一下，觉得听听下面意见为好，就召集两个团的团长、政委来开会。那时的一团团长已是王萱春，政委是曾如清。二团团长是廖政国，政委是李一平（吕平）。他们一看电报也愣了，都看我的态度，问我怎么办？我说：“上级主要怕我们攻不下来．伤亡一大堆，偷鸡不着蚀把米。”这样一说，大家便讲开了，叙述他们如何派人到据点侦察，如何勘察地形，突击队放哪里，二梯队在何处，突破口选择的位置……等等，总之都说：“有把握”，“没问题”。于是我说：“如果确实有把握，就打；只要打下来，就没有不执行上级命令这事了。如果打不下来，就有事了……”大家说：“打！”果然我们一举突破，两个小时就解决战斗，全歼伪军 1 个团，伪团长在逃跑时落水毙命，而我军伤亡不到100人。

打下古溪，我即集中全分区地方武装四面出击。我一旅主力乘胜进攻黄桥，黄桥敌人赶紧向泰兴城撤，我们占领黄桥后，一路追击，并扬言要打泰兴城。追击路上，两个主力团，加上地方武装、民兵，浩浩荡荡，横扫三分区内各敌伪据点。敌伪军闻风丧胆，我军乘胜收复季家市、加力、孤山、石庄等地。处于长江之滨的敌伪重要据点天生桥，亦被我泰兴独立团奔袭攻克，威逼长江交通线。至此，三分区敌伪据点大部被我占领。我一旅主力乘胜包围了泰兴城，占领四关。泰兴城敌伪向日军头目南浦告急，但南浦旅团继续“扫荡”我盐阜地区，仍不为我在三分区的进攻所调动。我们即以分区武装接替继续围困泰兴城，一旅主力向南浦旅团部所在地泰州城进逼，三面包围之。南浦吉这才不得不从盐阜区南撤，回援泰州。这样，军部就解围了。

陈毅、少奇同志对我一旅指战员英勇善战，在敌后积极主动进攻，牵制、调动敌人，配合盐阜区反“扫荡”获得全胜，非常高兴。他们直接发来了电报，向一旅全体指战员祝贺胜利，并予嘉奖。

陈毅、少奇同志同时还指示我们：要当心敌人回头的进攻。我们也已得知南浦率部南来，等他离泰州城还有半天路程时，就撤了泰州、泰兴之围，使南浦扑了空。我军主力向根据地腹地古溪、营溪地区隐蔽集结，待机应敌。南浦旅团由泰州出发向东“扫荡”，企图寻我主力决战。我旅就与他进行“蘑菇战术”，待南浦旅团东进至古溪、营溪附近，于夜间以急行军向西，转至敌背后，奔袭泰兴、黄桥之间的敌据点姚家岱，并一举攻克，歼敌1个小队。南浦旅团闻讯，又从东向西行军追击我军。我军待敌迫近，又于夜间由姚家岱急行军向南，经靖江地区，东返我根据地腹地南部集结。南浦旅团由盐阜区南撤，转移兵力，对我三分区的“扫荡”也被粉碎了。

这种“蘑菇战术”，敌人固然疲于奔命，我们也是很疲劳的，部队疲劳的一路行军，一路睡觉，连牲口也磕磕撞撞的。走到靖江地区一

◎黄桥战役中缴获的战利品

座桥上，“扑通”一声，我和骑的马一起掉到河里了，实在太疲劳了，哪怕睡十几分钟都是好的。

此次敌人对盐阜的大“打荡”自7月18日开始，至8月20日结束，历时一月零两天。

日寇夏季大“扫荡”失败之后，经过精心筹划，于1941年11月上旬对我三分区发动了报复性“扫荡”。很可能南浦认为：不征服三分区，他就不可能在苏北逞威。

这时，我旅二、三团正由张藩副旅长率领去江都、高邮、宝应地区开辟“同情区”，掌握在我手里的只一个团和一些地方部队。

敌伪乘我主力较少的机会，兵分三路而来。着重“扫荡”如西县，合围点为卢港、高明庄一带，企图聚歼我旅部机关和主力部队。我弄清敌人这一意图后，先避开敌军“扫荡”之锋芒，显示了一下目标，然后急速转移到如皋以南隐蔽，以地方武装同敌伪军周旋，疲劳敌人，并假设目标吸引敌人合围，使敌伪军连连扑空，疲惫不堪。我判断敌伪军的“扫荡”已趋尾声，待其各自返回据点时，便率一团悄悄运动到靠近高明庄东北的白家湾附近隐蔽集结待机，密切注视各路敌伪军的转移方向，寻找弱点。终于找到了撤向黄桥的那一路。这一路有鬼子100余人，伪军500余人，由日军加藤大队长率领，由于疲劳，也由于轻敌，行动比较拖沓。我一看另两路日军已过去，正好抓住这一路，决心歼击它！

11 月 14 日下午，我在一团指挥所，直接命令该团三营出击。日军见我来势凶猛，且战且退，企图占领高明庄里一批比较坚固的砖房固守待援。我一团一营一个连和特务连占据高明庄西、北野外，然后派一营和二营分别从南和北两面迂回上去，留出西口子不包围。伪军一看不妙，抢先夺路逃跑，被我军歼灭 300 余名于西北口子上。战至 15 日凌晨，击毙日寇 80、90 人。加藤被击伤，带着残兵狼狈溃逃了。

苏中三分区的反“扫荡”斗争是很频繁的，一般 1000、2000 兵力的区域性“扫荡”，十天、半月就有一次，全区性“扫荡”一两个月一次。苏中人民在抗日战争中是付出了巨大的代价的，也是对这一民族战争胜利做了很大贡献的。

节选自《叶飞将军自述》

张震：新四军游击支队东进抗战第一战

◎张震上将

张震，时任新四军第四师参谋长、十一旅旅长兼淮北路西军分区司令员。

新中国成立后，张震先后出任总后勤部部长、中国人民解放军副总参谋长，中国人民解放军国防大学校长、中央军委副主席等要职。

1955 年，张震被授予中将军衔，1988 年被授予上将军衔。

◎新四军第六支队领导人，左起：萧望东、张震、彭雪枫

1938年9月，根据毛泽东主席电令和周恩来、叶剑英的指示精神，中共河南省委在竹沟组建了370多人的新四军游击支队，9月30日从竹沟出发挺进豫东。10月11日在西华县杜岗与豫东抗日游击第三支队先遣大队会师，整编为新四军游击支队，彭雪枫任司令员兼政委，吴芝甫任副司令员，张震任参谋长，肖望东任政治部主任，24日东渡新黄河，跨越淮太路，26日行至距淮阳城东北约20公里的窦楼村附近宿营。次日晨，部队突然遭到日军偷袭，司令员彭雪枫当机立断，迎战敌人。战斗中，参谋长张震手持机枪率部队正面反击，彭司令随三大队七中队由马菜园东南向敌左侧突击，经两小时激战，击毙日军林津少尉以下10余人。此战，参谋长张震、参谋程朝先、排长姚克等5人光荣负伤，排长严立泰为国捐躯。

新四军游击支队首战告捷，打击了日伪嚣张气焰，提高了部队的士气，揭开了豫东人民抗日武装斗争的序幕，在新四军战史上占有重要地位。张震将军回忆起这次战斗的经过，仍然激情满怀。他回忆说：

回想起8年抗战的艰苦历程，往事历历在目，尤其令人难忘的是1938年的窦楼之战。窦楼村是河南东部淮阳县的一个小村庄。1938年10月，我们在这里打响了新四军游击支队东进抗日的第一枪。

当时豫皖苏边区的抗战形势十分严峻。是东进抗日还是西撤溃逃？两条道路尖锐地摆在国共两党面前，形成了鲜明的对比。台儿庄战役后，国民党内的一些人被胜利冲昏了头脑，大肆宣扬“速胜论”，调集大军组织徐州会战，并认为几个战役就可以把日军打垮，但没过多久，徐州失落敌手，河南省会开封和豫东、皖北、苏北10余县也相继被日军占领。一时间“亡国论”又占了上风，中国“再战必亡”的论调甚嚣尘上。蒋介石对其部队阻止日军西犯已无信心，遂于1938年6月9日下令炸开花园口黄河大堤，企图以此阻止日军西进，但实际上却给当地人民带来了沉重的灾难。人民群众对共产党领导人民进行敌后抗战抱有殷切的期望。就在这个关键时刻，党中央毛泽东主席命令在豫南确山县竹沟地区刚刚组建的新四军游击支队挥师东进，到豫东、皖北地区开展敌后游击战争。

部队是9月30日出发的，人员不足400人，开进途中在西华县杜岗与先期到达的第一大队以及我党在豫东刚刚组建的抗日武装会师并进行了整编，整编后新四军游击支队下辖3个大队，共1000余人，彭雪枫同志任司令员兼政委。游击支队的人员构成有延安派来的一些红军干部，有我豫东各级党组织的成员，有刚受抗日教育的青年学生，也有一些临时动员参军的农民。当时支队只有八路军驻武汉办事处发给的少量苏联造的转盘机枪，就一支捷克式步枪还是用20元钱从国民党逃兵那里买来的。其余全部是土枪，打一发子弹，枪栓就拉不动，有时还要用脚蹬，战士们风趣地称之“脚蹬式步枪”。就是这样一支武器很差，缺乏训练、缺少平原作战经验的新部队，担负起了东进抗日的任务。

窦楼村战斗是一个遭遇战，当时并没有准备打这一仗。我们游击支队于10月24日渡过新黄河进入敌后，26日到达窦楼村及其附近地域宿营，准备次日上午出发，继续向鹿邑方向挺进，27日清晨，部队刚刚吃过早饭，正准备集合出发，忽然听到哨兵警戒的枪声。我赶忙登高一望，只见公路上尘土飞扬。日军有骑兵、有汽车、还有一些伪军正向窦楼村扑来。彭雪枫同志到寨墙上进行观察后，即令直属队在寨内集合待命，各大队按宿营地部署展开。彭雪枫同志自己带领警卫连出寨侦查。我随他一起带着部队来到窦楼村西南的一片坟地，依托有利地形，散开正面打击敌人，支队东进抗日的第一仗就在这里打响了。在这之前，日伪军经常出来奸淫抢掠，从未遇到过抵抗，这次枪声一响就把他们打得晕头转向，纷纷就地卧倒对我射击，双方形成对峙。

当时游击支队有不少新战士，杀敌报国的士气虽高但毕竟是第一次参加战斗，心情有些紧张，在敌人还没有靠近时，就急于开枪，土枪的枪栓又拉不动，个别人就开始惊慌。我赶忙命令部队就地卧倒，敌人不到跟前不要开枪。我还看到有个新战士在慌乱中连机枪也不会打了，我就接过他的轻机枪向敌人扫射起来。苏联造的机枪非常好用，精度高，一下子就打乱了敌人的队形，同时也吸引了敌人的火力，他们集中火力向我射击。因为当时部队队形密集，又要离彭雪枫同志远一点，不能把火力引向他，所以我打完第一盘子弹后没有转移阵地，换上第二盘弹夹开始射击时，我感觉右腿突然一麻，一股热血往下流淌。我知道是负伤了，但没有做声仍然继续射击，继续指挥战斗。这时彭雪枫同志命令第三大队从东南向西北敌后攻击，包围敌人。

◎1939年9月，新四军游击支队团以上干部合影留念。张震(2排左4)

三大队副大队长吴守训同志是有名的神射手，他原在睢县地方团队带过兵，练就了百发百中的本领。他带着部队冲上去，一枪就撂倒一个敌人。日军正面攻击受挫，侧后又受到夹击，阵脚就乱了，马上拖着尸体载着伤兵逃跑了。这次战斗历时约两小时，击毙击伤日军 10 余人。打扫战场时，我们找到了敌人遗弃的军帽和指挥刀，才知道击毙了日军一名少尉，名字叫林津。敌人逃回淮阳，因为我们对淮阳的情况不明，也未作追击。部队稍事休息后，继续向鹿邑前进。

窦楼村战斗，游击支队击毙日军 10 多人，缴获子弹百余发，以及大衣、钢盔、帽子多件，还有林津少尉的指挥刀一把。在战斗总结时，雪枫高兴地说：吴守训一枪一个，真称得上神枪手。他指示《拂晓报》记者进行采访，并在报上刊登了吴守训的事迹。从此，神枪手吴守训的名字，便在游击支队传开了。

此仗虽然不大，但毕竟是我们东进敌后的第一战。在这之前，豫东日军在占领区横冲直撞，如入无人之境，还从未遇到过坚强的抵抗。窦楼村一战，打击了敌人的凶焰，粉碎了“皇军不可战胜”的神话，胜利的消息很快传遍了豫东大地。

这次胜利在当地产生了极大的影响。当时老百姓饱受日寇的蹂躏，盼着我军为他们报仇，看到我们打了胜仗，十分高兴，争着为我军抬伤员，不停地往战士口袋里塞鸡蛋，深刻地表现了军民的鱼水情谊。

窦楼村战斗是新四军游击支队东征后的第一仗，也是我党领导的抗日武装在豫皖苏边区同日军打的第一仗。初战的胜利，打击了日军的嚣张气焰，扩大了我党我军的政治影响，鼓舞了当地群众的抗日热情，许多年轻人纷纷要求参军，一些地方武装也积极向我军靠拢，从而为更加广泛地发动和组织人民群众，为后来建立的东起运河、西临平汉、北自陇海路、南到淮河的两万多平方公里土地，600 万人口的淮北抗日民主根据地，奠定了良好的基础。初战的胜利，还锻炼了队伍，提高了战术水平和干部的作战指挥能力，增强了对日军作战的信心。

依托抗日沟（平原抗日沟交通沟）、青纱帐，为开展平原抗日游击战提供了宝贵的经验。窦楼村战斗之后，新四军游击支队在中国共产党的领导下，在人民群众的大力支持下，通过开展敌后游击战争，不断发展壮大。后来中央军委任命我部为新四军第四师。在整个抗日期间，这支部队经过大小战斗3000多次，歼敌6万余人，成为淮北抗日民主根据地进行人民战争的骨干力量。

节选自《张震回忆录》

季音：新四军将士在上饶集中营的斗争

季音，时任国际新闻社金华记者站干事。1941年，季音被国民党当局逮捕，囚入上饶集中营。1942年越狱之后，季音回到新四军军部，后参与新华日报的筹备工作。

建国后，季音曾先后担任南京《新华日报》副总编辑、《人民日报》工业组编辑、《人民日报》农村部主任等职务。

在上饶集中营中，季音与新四军战士、我国著名的美术家与书法家赖少其是狱友。这段文字记录就是季音对赖少其在狱中抗争的回忆。

赖少其是1939年参加新四军，曾被鲁迅誉为“最有战斗力的青年木刻家”。我与他相识，是上世纪四十年代初，我们一同在“皖南事变”之后，被囚于上饶集中营。集中营里共设立了6个队，全是被俘新四军干部。另外还设立了一个“特别训练班”，由部分新四军干部和从地方上抓捕来的人混合组成。我和赖少其就编在特训班里。在铁丝网密布、特务宪兵严密监视的这座大牢狱里，我们整天从事沉重的苦役，受尽折磨。

特训班的特务队长王寿山，是个既无文化又阴险狡诈的家伙，他为讨好上级，显示他“管教有方”，出了个主意，在被囚者中挑选了几个文化程度比较高的人，要他们办一张墙报，刊登难友们的文章。特训班里几个老同志经过研究，认为办墙报的事可以做，当然反共的文章绝对不能刊登，而是要利用它成为鼓励同志们进行战斗的一个思想阵地。于是，墙报出版了，上面既有文章，又有诗，刊头上是一幅画，画的是在密密麻麻的铁丝网上，半空里有一只矫健的雄鹰在展翅飞翔，飞向远方，画的题目是两个字：“高飞”，作者正是赖少其。

愚昧无知的特务队长王寿山看墙报果然出来了，花花绿绿一大片，十分得意，他特意邀请集中营头目之一、总干事杜筱亭前来参观。诡计多端的总干事杜筱亭毕竟比愚蠢的王寿山高明，当他看到墙报上的这幅画，顿时发起火来，指责王寿山：“你上当啦，这画明明是在煽动越狱逃跑。”

王寿山一听顿时傻了眼，查明此画作者是赖少其后，就把他叫来训斥。总干事杜筱亭立功心切，立即把此事报告集中营总头目张超。张超听了勃然大怒，把赖少其叫到集中营总部，由他亲自审问。

“你为何要画这幅画？这不是煽动又是什么？”

“我画的只是张普通风景画，没有别的意思。”赖少其平静地回答。

“你还要狡辩！”张超气得脸色铁青，又接连提了几个“新四军不抗日”一类的反共老调，赖少其一一加以驳斥，寸步不让。

“把他押到茅家岭禁闭室！”张超最后下了命令。

茅家岭禁闭室原来是国民党第三战区囚禁政治犯的一所秘密监狱，集中营成立后作为“禁闭室”，专门囚禁一些所谓“不服管教”的人。我曾在这里被关过两个月。这是一座暗无天日的人间地狱，什么“老虎凳”之类的刑具样样俱全。这里还有个特别的刑具，叫做铁刺囚笼，它由几根木柱组成，周围绕满带刺的铁丝，囚笼的高度与人体相似，人关在里面丝毫不能动弹，否则就会把你刺得浑身是血，站在笼子里，时间长了，人就会晕倒。我原以为这囚笼是国民党特务的“独创”，后来，我在翻阅古籍中偶然发现，原来这木制囚笼古已有之。早在清朝时，许多监狱里都有这种木囚笼刑具，有的囚笼还有上下数层，“囚犯纳其中，不能屈伸”，许多囚犯惨死在笼里。清康熙三年，有一个御史姚延启，在调查了一些监狱情况以后，曾向朝廷上奏说：“江南浙江等省有狱卒苛索不遂，创为木笼，犯人囚于其中，天时炎热，秽气熏蒸……多至监毙。”因此，清王朝曾经多次下令，“禁止木笼之制。”想不到茅家岭监狱不但继承了这个苛刑，而且还在木笼之外围以铁蒺藜，使刑具更为残忍。

赖少其被押到茅家岭禁闭室以后，按照监狱的规矩，新来的“犯人”都得站一两个小时木囚笼。赖少其在木笼里站了不到一小时，就感到支持不住了。这时有个年轻女难友不知从哪里弄来一块木板，她趁卫兵不注意，偷偷地塞进木笼子，让赖少其可以在木板上坐一会儿。另一个女难友，偷偷地塞进去一张小纸条，上面写着：“同志，一定要坚持！要坚持斗争到底！”这时囚室里的男难友，纷纷发出抗议声：“把笼子里的人放出来！”“快把人放出来！”……

男囚室里，又齐声唱起了根据抗日战争时期著名的《八百壮士歌》改编的歌：

“中国不得了，

中国不得了，

你看那抗日英雄坐监牢……”

抗议声、歌声此起彼伏，女牢房里的女难友也走出来大声抗议，监狱里顿时乱成一团。那监狱管理员气急败坏地连声大喊：“不许唱！不许唱！”他怕事情闹大，还是把赖少其从笼子里放了出来。

赖少其在茅家岭禁闭室关了一个多月，又回到集中营。不久，他在冯雪峰（狱中名冯福春）等老同志的帮助下，逃出了集中营，历经

◎上饶集中营革命烈士纪念馆

种种艰难险阻，终于回到苏北敌后的新四军。解放后，他转业到地方上工作，在领导岗位上虽然多次调动，但始终没有放下那支生花的笔，在书法、绘画方面，都取得了卓越成就。

由于集中营的法西斯暴行，使得许多被俘的新四军将士、共产党员、抗日爱国民主人士死于非命，整个上饶集中营就是一座惨绝人寰的人间地狱。1945 年 10 月中旬，“双十协定”签订后“东南分团”解散，这个历时近 5 年、恶贯满盈的人间地狱才最终彻底垮台。其间，有多名革命志士（大部分是中共党员）遭到集体屠杀，秘密枪毙、活埋、投毒、绳绞和疾病折磨而壮烈牺牲；最后，只有 200 余人获释；仍有 40 名被认为是“冥顽分子”、“中毒甚深”而借口“以防意外”被继续拘押。

上饶集中营被囚禁的新四军将士在没有正义、公理和法律，只有邪恶和强权的铁窗烈火之中，英勇抗争，展现了共产党人的高风亮节和伟大的“铁军”精神。岁月流逝，半个多世纪过去了。我一直怀念在上饶集中营里共过患难、如今已作古的老同志。

节选自《大江的浪花》

老兵回忆：苏北最惨烈之战——刘老庄战斗

1942 年冬至 1943 年春是苏北根据地最艰苦的时期。1942 年 11 月，日本华北派遣军调动第十七师团一个旅团和伪军第三十六师对苏北淮海区进行分进合击式大扫荡。1943 年 2 月，日本中国派遣军总司令部调集日军第十七师团、三十五师团、十五师团之独立十二混成旅团万余人及伪军八九千人，以海、空军配合，对苏北盐阜区分进合击，自北至南构成弧形大包围圈，以舰艇封锁沿海港口，在飞机掩护下，实行“梳篦式”反复搜索。

面对日军扫荡，在苏北抗日根据地的新四军三师决定进行战略转移。在转移过程中，部队曾与日军发生过几次遭遇战，其间的惨烈以 3 月 18 日的刘老庄战斗为最。

尽管已经过去了 60 多年，新四军老兵贺继光依然对那一天的细节印象深刻。他当时是新四军第三师七旅十九团三营三连连长，刘老庄是他们的驻地。

每次谈到刘老庄战斗，贺继光总是激动不已：“那是我们在苏北拼得最惨烈的一次，四连 82 个人全部战死了。他们虽然牺牲了，但是意义很大，成功地拖住了 1000 多敌人，淮海军分区、地委行署机关都转移了，部队没有受大的损失。”

为了收敛埋葬战士遗体，在战斗结束后，贺继光的连队又回到刘老庄。“看到战场上战士们因为肉搏战已经模糊的遗体，我流泪了。”贺继光说，“以后我回想起来的时候还是会落泪，连长白思才是我的老排长，指导员李云鹏是我的同班同学，我很怀念他们。”

据贺继光回顾，战场上四处散着被砸坏的枪，“四连的武器还不错，轻重机枪都有，战斗进行到最后，战士们砸了枪，拿起刺刀和敌

◎刘老庄战斗八十二烈士陵园

人拼命的，所以很多战士是跟日本人抱在一起死的，最后我们收葬的有 84 个尸体，有两个实在和日本人分不开了，就一起下葬了”。

昨天还在并肩作战的老领导、老朋友，今天就躺在面前，躺在血肉模糊的人群中。阵地上，硝烟还没散尽，夜幕早已降临，借着星光，贺继光想尽办法把他们找出来，最后再看他们一眼，“其他战士我就不清楚了，很多是‘周家三虎’带人收葬的，他们是当地人，三兄弟都加入地方武装，配合新四军的战斗，其中周文科是淮阴县张集区区长，周文忠是联防大队长”。

这时，贺继光不禁想起来，白天转移过程中，一颗炮弹从头上飞过，在附近爆炸。“我拾起弹片，还很烫手，很锋利，被击中的话一定完了。由此也可以想见四连战斗场面的激烈”，贺继光说。

在贺继光的记忆里，他听到第一声枪响的时候，整个部队都在吃早饭，“我们在树上放了一个哨兵，观察敌人的情况，只听见‘唧’一声响，哨兵被敌人打下来了”。

“我们营长看形势不对，就对我说‘我们不要叫日本鬼子都吃掉了，你看从哪里突围便利就往哪里走，能走一个是一个’，战士们盛起饭，边走边吃边战斗，四连留下掩护。”

之后的战斗细节贺继光就说不上来了，没有人能够说上来，因为在场的人都牺牲了，除了一位身负重伤的战士。苦熬了两天后，他也随着战友们而去了。

我们目前所知道的情况，都来自于一篇《刘老庄八十二烈士》的文章。该文章是由十九团团长胡炳云写就的，他的根据是那位战士两天里断断续续的口述和四连指导员李云鹏战斗中所写的报告。

根据胡的文章，上午9时左右，日军发起第一次冲锋，前进30米便被四连击退。随后，日军投入10多挺机枪，集中大炮小炮，猛烈的火力向四连阵地铺射，在火力掩护下，日本士兵向四连阵地爬来，距离阵地百米左右时，四连枪榴弹集中打向日军火力点，同时轻重机枪一齐开火，进攻的日军大乱，并在四连战壕前有一场肉搏战。日军第二次冲锋失败，但四连的弹药也消耗得差不多了。

此时，李云鹏看到阵地前沿几十米内有很多日军尸体，都带有枪和子弹，如果能弄到手，就不必为弹药发愁了。他和连长白思才商量后，召集突击小组去取弹药。一排排长尉庆忠任小组长，他幽默地说，“我在团部当过军需干事，验收弹药是我的老本行！”在日军的枪林弹雨下，突击小组取回了阵地前沿日军尸体上的弹药，可是尉庆忠阵亡了。

此后日军又有多次进攻，都被打退了，日军改变战术，集中所有的山炮、九二步兵炮、迫击炮、掷弹筒，向四连阵地轰击。一时弹如雨下，烟尘滚滚。

炮击中，白思才被弹片炸伤，左手失去活动能力，并立即昏迷。苏醒后挣扎着爬起来，来往于壕沟内，鼓舞士气、安慰伤员、指挥战斗，一位战士被炮弹炸断了一条腿，白用仅剩的右手扯开被单，将伤员的腿裹上。

李云鹏也已负伤，他找到白思才，把自己在炮火中写的报告给白看，白在上面签了字。报告中叙述了战斗情况，并要求批准他们在火线上接纳的新党员。连部通信员在火线入党申请书中写道："在党最需要的时候，我将把自己的生命献给党和人民，决不给我们党丢脸，绝不给中华民族丢脸！"

天空中已经有了晚霞，白、李清点部队，四连的战士剩下不到一半了，没有负伤的，眼睛也都被炮火的硝烟熏得红肿，有的人鼻子也被呛得流血，一天没有吃饭，没有喝水，喉咙干得冒火，说话声都微弱得难以听清，只能依靠打手势助听。而抢回的弹药，也快用光了。白思才下命令，把余下的子弹，集中给轻重机枪使用，步枪全部拆散，拆下的完整零件埋入地下，机密文件和报刊全部销毁，装上刺刀，严阵以待，准备肉搏战。

日军围上来了，一点一点接近四连阵地。机枪一阵扫射，日军倒下一部分。不久，四连子弹用光了，日军像潮水一般涌了上来，四连战士全部壮烈殉国。

刘老庄战斗影响很大，第三师师长黄克诚在写回忆录的时候，特意

◎刘老庄连82烈士遇难情景再现(雕塑)

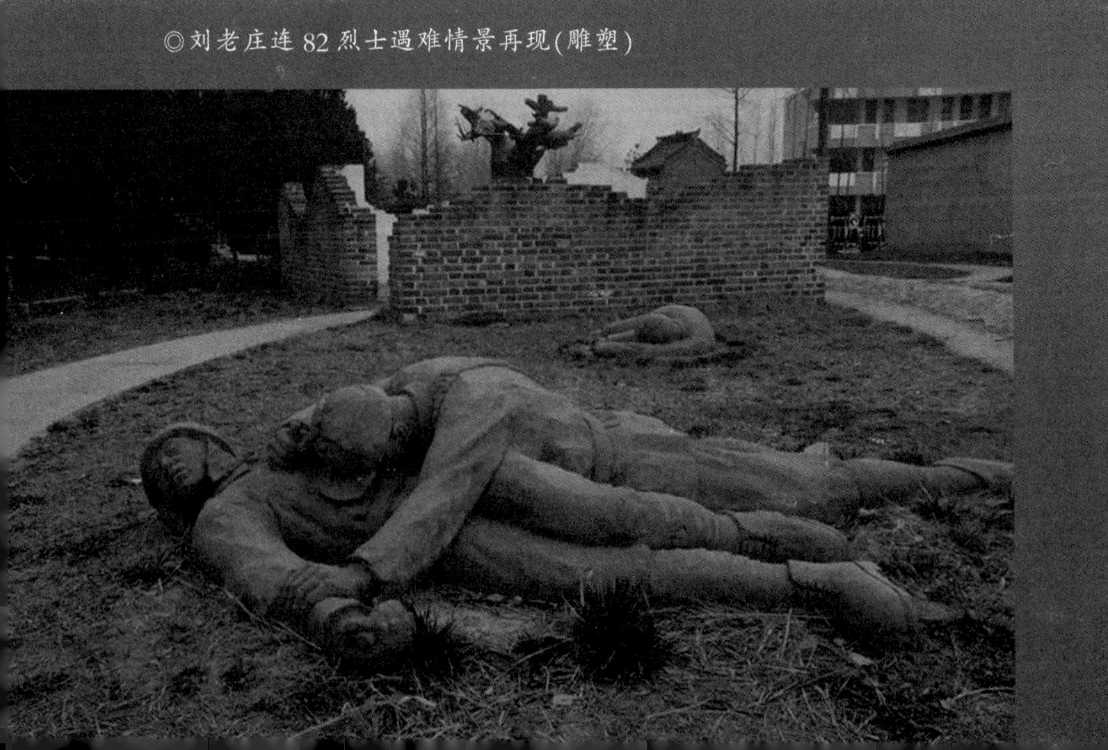

提到这场战斗，“第七旅十九团四连 82 名指战员激战竟日，反复肉搏，毙敌 170 多人后，全部壮烈牺牲。他们用自己的生命谱写了人民军队气壮山河的英雄篇章”，“他们杀身报国的悲壮事迹，被朱德总司令赞为‘我军英雄主义的最高表现’”。新四军代军长陈毅撰文表彰：“烈士们殉国牺牲之忠勇精神，固可以垂式范而励来兹。”

反“扫荡”结束后，第七旅重新组建四连，并命名该连为“刘老庄连”。当地人民群众为该连 82 位烈士举行公葬，修建了“新四军抗战八十二烈士之墓”的墓碑，并选送 82 名优秀子弟补入该连。

摘自《南方都市报》

外国友人眼中的新四军

爱泼斯坦，时任美国联合社、《联合劳动新闻》、《纽约时报》、《时代》记者，保卫中国同盟重要成员。抗战期间，爱泼斯坦曾克服艰难险阻，不断向世界报道中国共产党领导的抗日民族解放运动的真实情况。

1951 年，爱泼斯坦携家人回到中国，参与创办《中国建设》，于 1957 年加入中国籍，曾先后出任中国人民政治协商会议常委、《今日中国》杂志名誉总编辑等职务。

◎伊斯雷尔·爱泼斯坦

爱泼斯坦晚年在自己的著作中，回顾了其年轻时代在采访新四军过程中的见闻感受，字里行间都表达着他对新四军纪律严明、坚持抗战的钦佩和感叹。

当中国红军从中国南方向遥远的西北进行万里“长征”时，它在福建、江西和安徽留下了一些部队。这些部队人数太少，不足以继续控制以前苏区任何重要的地盘。它们的任务是建立新的运动中心，并保持人民的革命传统。这些坚强的战士分成许多小股游击队，以几省边界一带人迹罕到的山区为根据地，使中华苏维埃的旗帜继续飘扬在中国东南和中部各省许多分散的据点上。

卢沟桥事变使中日两国公开宣战。在反对入侵敌人的斗争中，共产党被正式承认为国民党的盟友。一向主张联合一切武装力量共同抗日的中国红军置身于全国军事力量总司令的指挥之下，改编为中央政府第八路国民革命军。在中国东南部和湖北北部的红色游击队得到命令，他们也要编入统一的中国军事系统中。于是，他们从各自的据点下来，集结在各处进行改编和训练。

把分成小组，战斗在长江两岸山区的 15000 名游击队集中起来，是很困难的。许多地方，人迹罕至。重新建立统一战线的消息和政府的命令传到那里，是需要时日的。在某些情况下，当他们下山接受改编时，反而遭到省军事当局的袭击并收缴了他们的武器，因为他们不相信内战已经结束了。有些游击队长期同外界隔绝，不理解党的新路线。一直到了 1 月份（1938 年），这些游击队才最后完全集中起来。根据中华民国全国军事委员会的命令，他们改编为新四军。

叶挺将军被任命为新四军军长，他是 1925～1927 年国民革命中著名的“铁军”的卓越将领之一。虽然他参加的起义最后导致红军的建立，但他并不是共产党员。在中日战争爆发以前的 10 年中，他过着隐居生活。而担任副军长的项英，工人出身，早在 1923 年平汉铁路大罢工时就参加了党的活动。他曾当过苏维埃政府副主席。当红军开始向西北长征时，他是留在华南的最重要的共产党领导人。

1938年1月，我在汉口采访了叶挺将军。具有讽刺意味的是，他的司令部设在以前日本人的住所里，地上铺着日本式稻草垫，炭火盆抵挡不了长江冬季寒气的侵袭。这位身材魁梧的广东人，脸庞丰润，生气勃勃，以勇敢过人而闻名。他在房间踱来踱去，讲述了这支新的军事力量的性质及其重要性。

“我们的人都是老战士，过惯了艰苦的生活。面对武器装备处于优势的敌人，已经习以为常了。过去这些年，他们常常挨饿，有时不得不吃草充饥。但是，不管在什么情况下，他们都同人民群众保持密切联系。这就是他们能够生存下来的秘密。

“新四军的建立是作为一支在长江两岸进行游击战的流动部队。战士们正集中在这里进行训练和调整，然后开赴前线。作为一支军事力量，新四军同八路军没有任何联系。这两支军队都接受全国军事委员会的直接领导。当然，我们的许多指挥员和战士由于是共产党员而同八路军有联系。”

早春季节，偶尔可以看到这支新军的小股部队行进在汉口街头。这些战士久经风吹雨打，赤脚露膝。他们行动敏捷，像全世界的山林英雄一样迈着大步。他们穿着灰色土布军服，没带任何符号。他们边走，边喊口号或唱歌。

5月初，当日军围攻亳州的时候，新四军奉命在皖东的长江两岸作战。它被限制在这个地区。这是顾祝同将军管辖的第三战区，即皖东南的一小部分。长江以北的地区多山，适宜于进行游击战，而长江以南的皖南是一个大平原，水道纵横，湖泊杂陈，实在不是游击战士的用武之地。这里没有天然屏障可以隐身。平坦的地形使日军的汽艇和机械化陆上运输工具实际上可以到处畅行无阻。日军的飞机可以发现并摧毁游击队任何明显的集结，可以侦察到他们的根据地，进行不停的骚扰。新四军70%的兵力就是集中在这样一个危险的地区。它的主要基地、训练学校和医院全都建立在这里。过去一年间，它在这里每天至少同敌人交战一次。这种经常不断的战斗往往使它打到距上海、南京这些大城市不远的地方。

八路军拥有数十万兵力，主要是在它从日军手中收复的地盘活动。新四军则不同，它的活动被限制在一定的地盘内，要受在它来之前早已建立的军政当局的管辖。在华北的许多地区，八路军和自己组织起来的游击队是单独作战的。新四军则是东战区诸种军事力量中的一种。它必须接受战区司令部的命令，仰赖它的财政和给养。在兵源的补充方面，它没有华北游击队那种自由。在争取群众支持方面，它不能像边区政府那样，实行民主政治改革，或下命令减租减息，减轻人民负担。新四军只能通过自己的言教和身教，向人民表明日军是可以打败的，它教给人民提高生产和增加收成，并为他们免费医疗。当租金和利息过份高，而地主和高利贷者又拒绝减少时，新四军鼓励农民救国会进行抗租抗税斗争，理由是，战争的负担本应由各个阶层平均承担，

◎农民拥护新四军执行的减租减息政策

但富人并没有承担自己应有的份额。

访问过新四军的中国人和外国人都说，新四军通过这些活动，赢得了人民群众全心全意的支持。但这里的民主改革、群众组织、战时教育和群众参加抗日等工作，都处于较低的水平，赶不上晋察冀边区，后者在真正贯彻团结一致、共同抗日的口号方面堪称模范。

在新四军内部，也碰到了许多困难。“我们最大的成功之处，”我首次采访叶将军一年后又见到他时，他对我说，“是我们把许多小股游击队融合成一支统一的军队。我们的战士多年来小股活动，分散作战，什么事都是大家说了算。人人都互相熟悉，计划是一块儿讨论的，实际上没有什么正式的纪律。改编为新四军后，游击队员们必须识别不同的军衔，服从他们不认得的人的命令。他们的日常生活受到严格的军事纪律的约束，这是他们以前不习惯的。大部分战士是农民，大规模组织的概念对他们是陌生的。在老战士中，有许多人反对这种‘侵犯民主’的现象。

“为了解决这个问题，我们全军从上到下开展了一场政治宣传和教育运动。政工人员向每个战士解释，从内战时期那种小规模游击战术过渡到组成大规模抗日流动部队，在我国革命中是一个进步。每个战士的革命职责是使自己适应这种新的组织形式。这种方法是非常成功的。我们的纪律不是机械式的，不是独断专行的，而是建立在我们战士的民族觉悟和阶级觉悟之上的、自觉自愿遵守的。”

“不过，”他说，“还不能说我们已经完全克服了过去打游击时的那种习气。我们仍然存在问题。”

当我要求他更详细地谈谈这些问题以及准备如何解决时，叶挺望着我笑了。

“你看过《夏伯阳》这部影片吗？”他说。“我们就是那么做的。”

新四军连以上的所有单位都设有政委或政治部。他们的这个制度同北方八路军和游击队是一样的。政委是他所在部队的组织者和教育者。他的责任是，保证这个部队成为有觉悟的、战斗的机体。他不仅有权监督战士，也有权监督司令员。作战方案都是在他参加之下作出的。他既有很大的权力，也有重大的责任。一旦定出作战方案，军事指挥员就下命令。

政委对它的执行负有责任，必须带头贯彻。

著名的美国战地记者杰克·贝登对新四军一次典型的进攻作了这样的描写："连长大声发出命令。政治指导员拔出毛瑟枪喊道：'跟我来。'于是他全速冲在前头，战士们紧随其后……"政委为什么要参加军事决策？项英本人不是军人，而是一个工人和工会组织者。他对贝登作了解释："革命者在其工作中学习的策略战略类似于军事行动中采用的战术战略。因此，一个出色的政治战略家也可以成为一个出色的军事战略家。而技术专家只是在一定的范围内工作，不可能成为一个真正的战略家。而搞政治的人可以很快地学会军事战略，不过，他必须向专家请教如何使用步兵和炮兵。

"我们是革命的军队，我们的领导人感到责任重大，急切地想尽到自己的责任，因此，他们全力以赴地完成任务。这就是为什么军事学校的毕业生不如我们能干。他们是按照作战方案行事的，成败关键在于作战方案，而不在于他们自己。"

据叶挺说，政府其他军队的军官 90%出身于富裕的、有知识的家庭，而新四军的军官和政委 70%是工农出身。这就是为什么新四军的官兵可以毫无困难地过同样生活的主要原因。新四军的军饷每月为 1.50 元至 5.00 元。官兵每日的伙食标准都是 0.50 元。每月可领 5 元军饷的，除最高级别的干部外，还有一部分在新四军宣传部门工作的日军战俘。

新四军从政府得到的财政补贴是非常有限的。"如果我们得到同别的军队同等的待遇，"叶挺说，"我们就会获得两倍于或三倍于目前的津贴。只是由于我们的军队来自劳动人民，我们才能勉强过日。政府的拨款仅够伙食费和部分装备费。政治工作、战地医院和后方医院、教育等方面的预算由我们自筹。新四军同当地行政当局没有直接联系，所以不能从其税收中得到一分钱。它的一些特殊用款必须依靠本军士兵和中外同情者的自愿捐献。这方面的捐款数目是有限的。”

新四军不征兵，来这里的都是志愿兵。有些申请者被拒绝了，其原因有三：他们来自别的军队；他们来自中央政府未授权新四军接受兵源的地区；新四军认为他们当兵不是出自抗日的真诚愿望，而是别有图谋。新兵进行彻底的身体检查后，才能入伍。如果有人被发现身体不合格，则根据他们的健康情况另行分配适当工作。

新四军教育每个战士了解抗日的目的，决不可忘记为人民而战的宗旨。

所有战士都学会几句日语口号，以便向敌人喊话，要他们投降。这些口号的内容是：中国人民和日本人民是兄弟；日本军国主义者是我们的共同敌人；不伤害俘虏。新四军有许多日军俘虏。他们受到良

◎1942年苏中地区民兵、自卫队发展到20余万人

好的待遇；他们的月薪和福利比许多中国军人还要多。其中一些人用日文写宣传品和信件，劝说他们的同胞不要打中国人。

新四军完成训练后，分成4个师，分别命名为：团结师、前进师、勇敢师和抵抗师，于1938年4月27日离开皖西颍水根据地，开赴前线。5月10日，他们抵达南陵。5月16日，他们分成小股力量，沿南京—芜湖铁路潜越敌人防线，首次同日军交战。这一仗打得很顺利。长江一带的日本驻军已经减少，调了许多兵力去增援徐州周围进行的大战役。日军只占领了较大的城镇，让骑兵和摩托化部队巡逻其间的公路和铁路线。当新四军渗入南京附近时，日军毫无觉察。只是当新四军的便衣人员潜入这个沦陷的首都，往墙上贴标语口号时，他们才意识到，他们对这个地区的占领受到新的严重的威胁。

从5月16日起，新四军活动频繁，同敌人天天发生小规模战斗，不断向群众进行政治工作。南京和芜湖一带遭到了难以描述的破坏，日军无恶不作，生灵涂炭；土匪横行乡里，像恶狼一般，抢劫百姓。老乡们只求安稳过日子。一见穿军服的人，不管来自何方，只会使他们遭殃。新四军花了很多时日，才使老百姓相信，它的确与众不同，它真的是来为他们而战，并教会他们起来自卫。它不是用美丽的空话，而是用实际的行动使他们信服的。当它的部队到村里时，它不是吵吵嚷嚷，挥舞着武器，要食品，要住房，要劳役。它避免了军民之间经常发生的摩擦：中国士兵打仗打得筋疲力尽，进村时饥肠辘辘，而老百姓则对他们关上大门，因为群众的粮食也没多少了，不是士兵挨饿，就是他们自己饿死。新四军进村，却不一样。它先派一个不带武器的代表去同群众代表商谈，说明它要的东西是会付钱的，而且果然言而有信。当群众给指挥官送来猪、鸡等慰劳品时，竟被谢绝，这是他们料想不到的。军队吃的东西，是出钱买的。而且部队首长还请农民吃饭，请他们给队部的行为提提意见。现在，老百姓是主人，新四军是对他们负责的，而且要尽到自己的责任。

新四军后勤部门的一位高级军官最近访问香港时，对新四军在长江下游一带 9 个月的活动作了这样的总结："首先，有了一支强大的、组织严密的军队，随时准备打击日军防务薄弱的环节，从而迫使侵略者不得不在交通沿线和战略要地部署大量兵力，否则，这些兵力本来会沿浙赣铁路西进的。其次，随着我军活动的扩大，当地村镇居民被加以训练，组成自卫队，采取调查户口等措施，使敌特汉奸无法来这些地区进行侦察。此外，由于当地人民全力支持抗日斗争，日军尽管占领了一些地方，却越来越难以在那里组织伪政权，理由很简单：如果乡绅和财主上敌人的圈套，他们就会失去对当地的领导权。由此可见，虽然这个地区被日军占领，但在政治上，它并不巩固。第三，新四军还担负起领导群众发展文教卫生事业的任务。各师的政治部保证提高人民的文化水平。建立学校、扫除文盲的工作蓬勃开展起来，大大超过往年。新四军医疗系统不仅为伤病员建立医院，还促进群众保健事业的发展。

"如果群众愚昧无知，消极被动，在这样的地区，游击队是无法有效地开展活动的。提高广大群众的文化水平，就是加强战斗力，这样最后胜利才有依靠。最后，我们的战士勇敢无畏地坚持斗争，不顾长期的生活贫困和艰难险阻，不断打击侵略者，取得胜利，这深深赢得了附近地区友军的钦佩。我们缔造了一支模范的军队，使其他军队可以得到鼓舞，从而有助于提高他们的战斗力。这种'竞赛'和对比的价值是难以估量的。"

新四军确实是一支统一战线的军队。它的富有战斗精神的队伍主要是由以前红军游击队员组成的。它的辅助事业在很大程度上保证了军队的效力，使之能够改造它所活动的整个地区，它们成为新中国的重要组成部分。

节选自《人民之战》

◎1939年在云岭新四军军部，陈毅、粟裕与国际友人德国希伯、加拿大护士尤恩、史沫特莱合影

◎叶挺军长到前方医院看望新四军二支队俘虏的日军士兵香河正男和田畑作造，后者1940年1月加入新四军

第六章

“铁的新四军”精神

新四军是中国共产党领导下坚持华中地区敌后抗日的一支主要武装力量。这支抗日铁流在大江南北浴血奋战，开辟敌后战场，开展抗日游击战争，创建敌后抗日根据地。他们以大无畏的英雄气概和坚忍不拔的顽强，奋力杀敌，涌现了大量可歌可泣的英雄壮举，他们创造了“铁的新四军”精神。

今天，战争的硝烟已经散去，但是在那场威武雄壮的反法西斯战争中，新四军的英雄业绩永载史册。

新四军红色遗址遗迹巡礼

新四军军部旧址系列

新四军军部是新四军领导机关的总称。在新四军的10年历史中，新四军军部先后辗转江西、安徽、江苏、山东等省，在10余处乡村或城市指挥新四军作战。

1937年12月25日，新四军军部在湖北汉口成立，当时只有中共中央从延安派来和军长叶挺邀集的少数工作人员。1938年1月6日，新四军军部移驻江西南昌，开始建立工作部门。4月5日军部到达皖南以后，机构逐步健全。皖南事变后，根据中共中央军委的命令，在江苏盐城重建军部。1945年10月28日新四军军部北移山东临沂，并从12月3日起兼山东军区领导机关。1947年1月21日，根据中共中央军委决定，新四军兼山东军区领导机关与华中军区领导机关合并，成立华东军区领导机关。

新四军军部的迁移可分两种情况：一是根据战争或战略的需要主动迁移，如从岩寺到云岭、江苏盐城到山东临沂；二是战争环境的恶劣被动迁移，像从江苏盐城迁到阜宁县陈集镇停翅港村、盱眙县黄花塘镇等。

今天，全国各地的新四军军部旧址上都建立了陈列馆、纪念馆，供我们追溯往事，缅怀先烈，牢记历史，珍惜当下。

汉口新四军军部旧址

◎南昌新四军军部旧址纪念馆

◎汉口新四军军部旧址纪念馆

1937年12月25日，叶挺、项英在武汉当时日本租界的大和街26号召开新四军干部大会，标志着国民革命军陆军新编第四军军部的正式成立。1938年1月4日，项英率领新四军军部工作人员从汉口乘船去南昌，叶挺留在武汉继续办理有关事宜。1月28日，《新华日报》刊出新四军军部启事："本军奉命即行整编出发，军部当即移驻南昌，前大和街26号军部即行结束。"

汉口新四军军部旧址位于今武汉市汉口胜利街332～352号。2002年公

布为湖北省文物保护单位。2006 年武汉市人民政府拨专款按原貌修复，辟为纪念馆。馆内复原陈列有叶挺、项英、郭沫若的办公室兼卧室，以及政治部、副官处、参谋处、军需处、军医处，举办有《汉口新四军军部历史陈列》的专题展览。

岩寺新四军军部旧址

岩寺新四军军部旧址位于今安徽省黄山市徽州区岩寺小街。1938 年 2 月，中共中央和新四军军部发布决定，要求南方红军游击队迅速到皖南歙县岩寺集中，改编为新四军。4 月 5 日，新四军军部移驻岩寺，设在金家大屋。5 月 5 日，新四军军部根据中央指令离开岩寺，向太平县转移。

1995 年，岩寺新四军军部旧址被公布为黄山市首批爱国主义教育基地和国防教育基地。1998 年旧址被修复，并举办了军部陈列及图片展览。1999 年 10 月，军部旧址正式对外开放，并成为新四军历史上五处旧址之一。1981 年 9 月公布为省级重点文物保护单位。

◎岩寺新四军军部旧址纪念馆

云岭新四军军部旧址

1938 年 7 月 1 日，新四军军部进驻云岭地区后，军部司令部及其下设机构就设在安徽云岭地区以罗里村为中心的许多村庄里。1941 年 1 月 4 日，新四军军部撤离云岭。新四军军部在这里驻扎约 2 年零 5 个月。云岭北濒长江，西依九华山，南临黄山、太平湖。叶挺在这里指挥新四军时间最长，直至皖南事变发生前夕。

◎云岭新四军军部旧址纪念馆

现今新四军军部旧址位于安徽省泾县城西25公里的罗里村。1961年。国务院公布其为全国重点文物保护单位，1963年7月陈毅元帅敬题“新四军军部旧址纪念馆”馆名。此后，新四军军部旧址纪念馆正式建立，是全国新四军纪念地中唯一的全国重点文物保护单位，现已被评为全国爱国主义教育基地。

盐城新四军军部旧址

盐城新四军军部旧址位于今江苏省盐城市建军西路126号，原为泰山庙。皖南事变后，中共中央军委于1941年1月20日，宣布重建新四军军部，并于25日在盐城正式成立了新的军部。同年7月11日，为便于指挥反击日伪军的夏季大“扫荡”，新四军军部撤出盐城。

◎盐城新四军军部旧址纪念馆

1986年，盐城地方政府把军部旧址照原样修复并对外开放，内部按军部进驻时原样陈列。盐城新四军纪念馆是全国较全面、系统地反映新四军抗战史的综合性纪念馆。新四军纪念馆由主馆区、建军广场、军部旧址三个部分组成。广场正中的新四军重建军部纪念碑，由李先念题写碑名。新四军纪念馆现在是全国中小学爱国主义教育基地、全国爱国主义教育示范基地和全国文化工作先进集体。

河湾村新四军军部旧址

河湾村新四军军部旧址位于山东省临沂市河东区九曲镇前河湾村，也是新四军的最后一个军部。1945年10月28日，中共中央华中局和新四军军部自江苏淮阴分批撤离后，陆续到达山东临沂。在此期间，新四军军部与山东军区合并，成立新四军兼山东军区。1947年1月21

日，新四军兼山东军区和华中军区合并为华东军区，山东野战军和华中野战军合编为华东野战军。新四军番号被取消。

2004 年，河湾村新四军军部旧址被确定为沂蒙精神教育基地，成为临沂市红色旅游专线的重要景点之一。2005 年，新四军军部旧址被确定为省级重点文物保护单位，并被临沂市列为创建国家历史文化名城的七大重点项目之一。

◎河湾村新四军军部旧址纪念馆

新四军江南指挥部纪念馆

新四军江南部队的指挥机构。1939 年 8 月，新四军第二支队司令员张鼎丞已赴延安，新四军军部决定第一、第二支队由陈毅统一指挥，并增设新四军江南指挥部建制，统一领导第一、第二支队。11 月 7 日，新四军江南指挥部在江苏溧阳水西村公开宣布成立，指挥陈毅，副指挥粟裕，参谋长罗忠毅，政治部主任刘炎、副主任钟期光。指挥部辖第二团、新六团、第四团、挺进纵队和地方武装，共 1.4 万余人。11 月 14 日，第四团团部及二营组成为苏皖支队，渡江北上，1940 年 2 月与先期过江的挺纵第三团合编，仍称苏皖支队。5 月，新四军江南指挥部重新组建第三团、第四团。

◎新四军江南指挥部纪念馆新馆

1940 年 7 月，新四军江南指挥部率第二团、新六团北渡长江进入苏北，改称新四军苏北指挥部。第二支队在司令员罗忠毅、副司令员廖海涛领导下，留下坚持茅山地区的抗日斗争，对外仍以江南指挥部名义活动，并指挥新三团、新四团和各县地方武装，共3000余人，后又组建了独立第一、第二团。1941年1月皖南事变后，第二支队改编为新四军第六师第十六旅。

位于溧阳市前马镇水西村的新四军江南指挥部旧址，西距宁杭高速公路2公里，南距溧阳市区20公里，是一个在中国革命史和军事史上都有重要地位的地方。1939年11月，新四军江南指挥部在水西村成立，陈毅、粟裕认真贯彻党中央“向南巩固，向东作战，向北发展”的战略方针，运筹帷幄，决战千里，开辟了茅山抗日根据地。广大新四军指战员与当地群众鱼水情深、同甘共苦。水西村的一草一木经历了与日寇鏖战的烽火硝烟，水西村的男女老少至今仍旧津津乐道陈毅、张茜的浪漫革命爱情。

新四军江南指挥部旧址原系李氏宗祠,始建于明代。整个祠堂三进四厢房,里面回廊雕窗,斗拱画梁,重修后恢复了历史风貌。政治部战地服务团等5处旧址,均系砖木结构民宅。该馆占地面积6000平方米,建筑面积2645平方米。

纪念馆的大厅内屹立着江南指挥部指挥陈毅、副指挥粟裕的全身铜像。紫色的帷幕上,镶嵌着原新四军秘书长、中顾委委员李一氓的题词：“威震江南功在民族”。整个展览大厅内,以照片、实物、图表、电子模型等展品,反映了新四军江南部队在陈毅、张鼎臣、粟裕的率领下,深入苏南敌后,开创和发展以茅山为中心的苏南抗日根据地的战斗历程。在展厅的两侧,分别保留着陈毅、粟裕的办公室兼卧室。粟裕同志逝世后,其夫人、子女遵照粟裕的遗愿,将其部分骨灰敬撒于展厅的天井内。

纪念馆的左侧建有将帅馆,陈列了陈毅、粟裕、叶飞等76位建国后被授予少将以上军衔的新四军将帅的生平事迹。一楼陈列有陈毅元帅、粟裕大将的生平业绩及他们在各个历史时期的80余幅珍贵照片,再现了

他们光辉战斗的一生。二楼是 4 位上将、8 位中将、62 位少将的生平介绍，展品有将军们使用过的望远镜、手枪、公文包以及战利品、勋章等。

新四军江北指挥部纪念馆

新四军江北指挥部旧址，位于安徽省庐江县汤池镇南一华里，西南环山，层峦叠嶂，地势险要，风景如画，是西进大别山的通道。1939 年 5 月，新四军军长叶挺，政治部主任邓子恢等，相继从皖南来庐江，于江北第四支队驻地严家松园，组建国民革命军新编第四军江北指挥部，下辖第四支队、第五支队和江北游击纵队，张云逸任指挥，徐海东、罗炳辉任副指挥，赖传珠任参谋长，邓子恢任政治部主任。于 1940 年 3 月撤离。汤池的山山水水无不留下了叶挺将军的战斗足迹，在他的感召下，一大批热血青年跟随叶挺奔赴抗日前线，为中国人民解放事业做出了巨大贡献。

◎新四军江北指挥部旧址纪念馆

为此，叶挺写下了著名诗句“云中美人雾里山，立马汤池君试看，千里江淮任驰骋，飞渡大江换人间。”

1994 年，汤池镇政府在位于相思村处征地 10 亩，兴建了新四军江北指挥部纪念馆，展出 150 多幅照片，该馆被列为市、县两级爱国主义教育基地。2001 年，庐江县人民政府公布新四军江北指挥部旧址为“第二批县级重点文物保护单位”。

盐城新四军纪念馆

盐城新四军纪念馆是全国唯一的专业性新四军纪念馆。

盐城新四军纪念馆主馆区坐落在建军东路北侧，于 1986 年 10 月建成并对外开放。主馆区南北长 330 米，东西宽 110 米，占地 50 亩。共分群雕、碑林、展厅、园林四个景区。广场正中立有一座 11.75 米高的“国民革命军新编第四军重建军部纪念碑”，碑的正面为李先念的题字，背面刻有黄克诚写的《盐阜会师记》碑文。广场东西两侧屹立着“英勇战斗”和“拥军支前”两组高 5 米、宽 7 米的用花岗石雕刻而成的半圆雕、高浮雕组合的高大的红色花岗雕塑。桥头两旁各有一座用整块汉白玉雕成的少先队员塑像。两侧碑廊分别陈列着老一辈革命家以及全国 30 个省、自治区、直辖市和港澳台知名书法家作品的石碑 120 余块。

◎盐城新四军纪念馆

该馆的展览大厅是一座现代化的建筑物。整体建筑造型呈现为新四军的“四”字。醒目的蓝白相间的“N4A”臂章图案，镶嵌在展厅正门上方。两侧旗形的花岗石阴雕画，艺术地再现了新四军与八路军在白驹狮子口胜利会师和皖南事变后新四军在盐城重建军部的历史场面。

展览大厅门前挂着李先念题写的“国民革命军新编第四军重建军部纪念馆”金字匾额。大厅左面墙上，江泽民同志的题词：“江淮英杰，卫国干城”，高度评价了新四军的丰功伟绩；右面墙上，邓小平同志的题词：“中华儿女们记着：你们的幸福生活是用血换来的！”教导后人缅怀革命先烈，继承发扬光荣革命传统；正面巨幅屏风上，镌刻着毛泽东的手书《中国共产党中央革命军事委员会命令》，屏风两旁挺立着陈毅、刘少奇、张云逸、赖传珠、邓子恢五位新四军重要领导人的雕像，使人感受到“皖南事变”后，中国共产党重建新四军军部，粉碎国民党顽固派取消新四军的图谋，拯救中华民族于危亡的坚强意志。门前陈列着飞机、大炮、军舰等。展厅内陈列着较为完整、系统的新四军坚持华中敌后抗战的史料和文物。

皖南事变烈士陵园

皖南事变烈士陵园位于皖南泾县城郊的水西山。1990 年初，为纪念皖南事变新四军将士殉难五十周年而修建，占地 15000 平方米，建筑面积 7000 平方米。

皖南事变烈士陵园，由入口纪念碑、主题广场、主碑纪念广场和无名英雄烈士墓四个纪念性空间序列配以皖南事变史料陈列室有机组合而成，整座陵园以邓小平题写的“皖南事变死难烈士永垂不朽”纪念主碑为中心，结合山形地势，将各纪念建筑组成一个完整有序、庄严肃穆的有机整体。陵园的入口利用两边的高岗形成了相对的两个“土阙”，成为陵园的天然门户。入口跨公路建有 4 座 7 米高、具有皖

◎皖南事变烈士陵园全景

◎皖南事变死难烈士群雕

◎皖南事变烈士纪念碑

◎皖南事变中牺牲的新四军高级将领雕像

南特色的石阙，4 座石阙以数字寓意新四军的四，七米高隐喻皖南事变悲壮惨烈的七天七夜，形成了纪念性空间的第一序列。

进入陵园后，沿台阶向上约 30 米，是一个不规则的小型广场。正对面的挡土墙上镶嵌着叶飞题写的“皖南事变烈士陵园”字碑，点明陵园的主题，形成了纪念性空间的第二序列。从广场右转，是一条 50 米长的神道，神道正对着由两个石阙形成的神门，神道的石阶宽度逐步缩小成梯形，加强了透视感，使人们在感受觉上延伸了神道的长度。神道有 90 级台阶分成 3 个层次，喻意当年 9000 新四军将士成三路纵队东进抗日。

陵园自开放以来，共接待来自全国各地及国际友好人士、海外侨胞上百余万人，近千名新四军老战士来陵园凭由殉难战友。陵园已被授予“全国爱国主义教育基地”、“安徽省爱国主义教育基地”和“全国中小学百个爱国主义教育基地”等荣誉。

“铁的新四军”精神

铁军精神的内容

新四军所属部队在 3 年游击战争、8 年抗战和解放战争中，前仆后继，浴血奋战，为革命的胜利建立了卓著功勋，在革命战争史上谱写了不朽篇章。“铁心跟党，听党指挥”，是新四军发展壮大、克敌制胜的保证，也是铁军精神的灵魂。传承铁军精神，是继承党的伟大事业、发扬党的优良传统的重要组成部分。

新四军的铁军精神概括起来，就是：创造性地执行党中央战略指导方针的求真务实作风；藐视强敌和困难，敢于和善于夺取胜利的英雄气概；为了民族解放和振兴，不避艰险，不惜流血牺牲的无私奉献

◎江泽民为新四军题词

精神；军民同甘共苦，生死相依的鱼水之情；注重自身建设，全面建设部队的良好风尚。

铁军精神的表现

要知道铁军和铁军精神的由来和表现，就要从庄严雄壮、节奏有力的《新四军军歌》谈起。

《新四军军歌》诞生于1939年。当年2月24日，新四军在军部大礼堂举行联欢晚会，欢迎前来云岭视察工作的周恩来。会场上气氛活跃，热闹非凡，各单位之间互相拉歌，嘹亮的歌声此起彼伏。从江南前线回来的陈毅也被大家拉出来唱歌。为了欢迎周恩来这个老同学、老战友，陈毅毫不推辞地用法语高唱一曲《马赛曲》：“前进，前进，祖国的儿女，那光荣的时刻已来临；专制暴政在压迫着我们，我们的祖国鲜血遍地……我们在神圣的祖国面前，发誓向敌人复仇；我们渴望珍贵的自由，决心要为之而战斗……”激昂慷慨的歌声以及战士们的掌声，把晚会推向了高潮。

《马赛曲》是法国大革命时期的革命歌曲，表达了法国人民争民主、反暴政的革命意志和爱国热情。这时，大家不约而同想到了这个问题：“什么时候我们能有自己的《马赛曲》呢?”新四军确实该有一首自己的军歌。会场上将士们议论纷纷，莫衷一是。

“我们这里就有诗人嘛!”周恩来的目光移向陈毅。

“对，陈司令，你就写首歌词吧。”有人心领神会地大声提议道。

陈毅欣然领命，愉快地接受大家的热情要求。在此后的一个多月里，尽管战务繁忙，他仍利用作战间隙抓紧对歌词进行构思。7 月 1 日，经作曲家何士德谱曲的《新四军军歌》初试啼声：

光荣北伐武昌城下，血染着我们的姓名；
孤军奋斗罗霄山上，继承了先烈的殊勋。
千百次抗争，风雪饥寒；
千万里转战，穷山野营。
获得丰富的战争经验，锻炼艰苦的牺牲精神，
为了社会幸福，为了民族生存，一贯坚持我们的斗争！
八省健儿汇成一道抗日的铁流，八省健儿汇成一道抗日的铁流。
东进，东进！我们是铁的新四军！
东进，东进！我们是铁的新四军！
东进，东进！我们是铁的新四军！
扬子江头淮河之滨，任我们纵横的驰骋；
深入敌后百战百胜，汹涌着杀敌的呼声。
要英勇冲锋，歼灭敌寇；
要大声呐喊，唤起人民。

发挥革命的优良传统，创造现代的革命新军，

为了社会幸福，为了民族生存，

巩固团结坚决的斗争！

抗战建国高举独立自由的旗帜，抗战建国高举独立自由的旗帜。

前进，前进！我们是铁的新四军！

前进，前进！我们是铁的新四军！

前进，前进！我们是铁的新四军！

雄鸡一唱天下白。这首象征着新四军将士一往无前、所向披靡的军歌，一经推出便很快风靡全军。从此，《新四军军歌》激励着广大指战员，在大江南北、淮河两岸冲锋陷阵，浴血杀敌。

然而，《新四军军歌》中所唱的“铁的新四军”又是从何而来的呢？

《新四军军歌》中唱到：“光荣北伐武昌城下，血染着我们的姓名。”显然，铁军和铁军精神与北伐战争以及北伐战争中的革命军队有着不解之缘。

第一次北伐战争期间，由于叶挺独立团全体官兵在战斗中表现出了无比坚强的革命精神和前仆后继、不怕牺牲的英雄气概，北伐军战必胜，攻必取，势如破竹。独立团中的共产党员和共青团员冒着枪林弹雨，冲锋陷阵，表现出了一不怕苦、二不怕死的革命精神。第一营从营长开始，连长、排长都留下“为共产主义的伟大理想而牺牲”的遗书，抱着献身的决心上阵。

特别是在攻打武昌战斗中，叶挺独立团的全体将士不惧牺牲，英勇作战。战斗结束后，独立团党支部决定在武昌洪山修建烈士墓，安葬 191 名在战役中牺牲的烈士。墓碑上镌刻着“精神不死”、“先烈之血”、“主义之花”、“无产阶级的牺牲者”、“诸烈士的血铸成了铁军

◎新四军战士雕像

的荣誉”等名句。特别是后一句可以说是首次出现了“铁军”的称呼。

由于叶挺独立团英勇善战，不怕牺牲，战功卓著，1927 年 1 月，这个团所在的第四军荣获人民群众赠送的“铁军”盾。正因为如此，在抗日战争初期，叶挺建议把改编的南方红军游击队命名为“国民革命军陆军新编第四军”，其目的就是要继承和发扬国民革命军第四军在北伐战争中的优良传统和作风。

铁军和铁军精神与南方红军游击队也有着十分密切的联系。这从《新四军军歌》的歌词也看得出来：“千百次抗争，风雪饥寒；千万里转战，穷山野营……八省健儿汇成一道抗日的铁流，八省健儿，汇成一道抗日的铁流。”

1934 年 10 月，中央革命根据地第五次反“围剿”失利，中央红军主力长征。与此同时，陈毅和项英等人奉命留守苏区，继续率部与国民党反对派作斗争。

在非常艰难困苦的环境下，南方红军游击队以坚定的革命信念和坚韧的斗争精神，谱写了革命英雄主义的壮歌。各游击区和红军游击队都采用高度灵活的游击战术，利用各省边界地区的有利地形，以山地为依托，避强击弱，昼伏夜击，化整为零，集零为整，声东击西，神出鬼没地开展对敌斗争。

为了鼓舞指战员们的革命斗志，战胜各种困难，坚持斗争，直到取得最后的胜利，项英和陈毅十分注意加强政治思想工作。他们经常对指战员进行革命前途教育和革命气节教育，积极提高指战员的素质，正确地执行党的政策，牢固树立依靠人民群众的观念，同时，处处以身作则，充分发挥个人的表率作用。正是这样，他们在残酷的斗争中，巩固了自己的队伍，度过了三年游击战争的艰苦岁月，进入了新的历史阶段。

红军游击队在南方艰苦卓绝的三年游击战争中形成的战斗经验、光荣传统和优良作风，对铁军精神的形成，无疑具有重要意义和影响。

“巩固团结坚决的斗争！”新四军遵照党中央的指令，为了抗战到底，避免国共合作的破裂，正确处理联合与斗争的关系，既坚持原则，反对国民党制造摩擦，又注意团结，争取其共同抗日。新四军创造性地贯彻执行党的抗日民族统一战线政策，大力发展进步势力，争取中间势力，孤立顽固势力，为巩固、发展抗日民族统一战线做出了积极贡献。

1939 年春，周恩来到皖南新四军军部，传达了六中全会精神，并且提出了新四军团结国民党抗日、在敌后发展的三条原则：一、哪个地方空虚就向哪个地方发展；二、哪个地方危险，就向哪个地方去创造新的活动地区；三、哪个地方只有敌人伪军，友党、友军较不注意没有去活动，我们就向哪里发展。这样，可以减少摩擦，利于抗战。

新四军对国民党顽固派制造的摩擦，坚决以武装自卫击溃顽军的反共企图，反顽斗争成为新四军坚持抗战的一种特殊斗争形式。1941 年的皖南事变是最为典型的事件。

皖南事变是蒋介石一手设下的陷阱，致使毫无防备的新四军中了国民党顽固派的阴谋暗算，遭受了重大损失，酿成了抗日战争期间国共合作的最大惨案。

皖南事变后，军长叶挺临大节而不苟，一再断然拒绝蒋介石高官厚禄的引诱，作《囚歌》以明志，宁愿把牢底坐穿，也不苟且偷生，充分表现了一个抗日民族英雄的浩然正气。被俘的600多名新四军干部，被囚禁在上饶集中营。他们面对国民党顽固派的威逼利诱、残酷刑讯、野蛮屠杀，始终坚贞不屈，保持了革命者的崇高气节。

“要英勇冲锋，歼灭敌寇。”新四军是全心全意为人民谋利益的军队，坚持抗战到底。把日本侵略者赶出中国是全中国人民当时最根本的也是最高的利益。

新四军以积极抗战的行动，表明合作抗日的诚意。1938年4月，新四军在皖南岩寺集中整编后，逆着正面战场国民党军大溃退的浪潮，毅然迅速开赴华中敌后战场，以首战告捷、连连取胜的行动，在沉闷的沦陷区炸响了一声春雷，振奋了全国军民的抗战精神。

新四军在大江南北，广泛出击日军，破坏铁路公路，拔除日伪军据点，消耗和牵制日军大量兵力，最多的时候迫使16万日军和23万伪军困守在华中占领区而不得脱身，有力地牵制了日军对正面战场和太平洋战场的行动。

八年抗战期间，新四军对日伪军作战共2.46余万次，毙伤日伪军29.37万余名,俘虏12.42万余名，战果累累，受到国民党最高军事当局几十次电文嘉奖慰问。

新四军将士有着高尚的民族精神和崇高的革命理想，面对日本侵略者的围剿屠戮，不畏强暴，不惧凶残，英勇顽强，抗争到底，他们不愧是民族的精英。他们表现出的坚定革命信念和大无畏的高尚品质，值得我们永远怀念和学习。

铁军精神给我们的启示

新四军的铁军精神是新四军的所有将士用自己的信仰和行动培育的，是新四军用忠诚和热血锻造、丰富和发展形成的宝贵精神财富。

它与红军的长征精神、八路军的太行精神都是以弘扬爱国主义为核心，他们一脉相承，各具特色，它们共同为人民军队发展壮大铸就了强大的精神力量。

新四军的铁军精神是以爱国主义为核心的中华民族精神的重要体现和组成部分；是在全民抗日、共赴国难的伟大斗争中，在汲取中华民族爱国主义传统的基础上形成和丰富起来的；是新四军在华中特殊而复杂的斗争环境中锤炼和发展起来的；是新四军在与人民群众共同奋斗、互相学习中形成、巩固和发展起来的。

铁军精神，既是人民军队优良传统的集中反映，也是共产党人优良作风的生动展示，更是中华民族自强不息精神的鲜明体现。它扎根于神州大地，是中华民族魂魄的一部分，它深受着中华民族五千年优秀文化的滋养，浸润着民族魂魄的基因，凸现着“贫贱不能移、富贵不能淫、威武不能屈”的壮美情操。

伟大的时代铸就了铁军精神，铁军精神也铸就了伟大的时代。今天，新四军精神仍然具有超越时空的强大生命力，是激励我们前进的不竭动力。当前，我们要大力宣传新四军的光辉历史和丰功伟绩，继承老一辈的光荣革命传统，在新的历史时期进一步弘扬铁军精神，把炽烈的爱国热情升华为建设有中国特色社会主义的理想信念和报国为民的实际行动，为实现中华民族的伟大复兴而努力奋斗！

参考文献

1.郑云华、舒健著. 新四军抗战纪实. 北京：人民出版社，2005

2.张震. 张震回忆录. 北京：解放军出版社，2003

3.粟裕. 一代名将·回忆粟裕同志. 上海：上海人民出版社，1986

4.河南省民政厅. 忆彭雪枫同志. 郑州：河南人民出版社，1979

5.叶飞. 叶飞将军自述. 沈阳：辽宁人民出版社，2001

6.王辅一. 项英传. 北京：中共党史出版社，1995

7.粟裕. 粟裕战争回忆录. 北京：解放军出版社，1988

8.中共江苏省委党史资料征集研究委员会图书出版社. 苏中抗日斗争. 南京：江苏人民出版社，1987

9.王辅一. 罗炳辉将军传. 北京：解放军出版社，1986

10.黄克诚. 黄克诚自述. 北京：人民出版社，1994

11.当代中国丛书编辑部. 陈毅传. 北京：当代中国出版社，1991

12.康永升. 新四军. 成都：四川人民出版社，2009

13.康永升. 新四军画传. 成都：四川人民出版社，2007

14.爱波斯坦. 人民之战. 北京：新华出版社，1991

15.季音. 大江的浪花. 武汉：湖北人民出版社，1985

16.《解放军报》、《人民政协报》、《福建党史月刊》、《党史纵览》等报刊资料。